じじいリテラシー

葉石かおり

星海社

12
SEIKAISHA SHINSHO

オレオレじじい
P13
耕作じじい
P199
9時5時じじい
P161
P59
うんちくじじい
肉食じじ
P8
茶坊主じじい
P129

このクソじじいが

はじめに

20代のための、上司にかわいがられる技術

じじいとケンカして、会社をクビに

口を開けば会社批判。そりの合わない上司は完全無視で、合わせる努力すらしない。さして経験もないクセに、自分は「選ばれし人間」とカンペキに勘違《かんちが》い。思った通りの仕事をやらせてもらえないとフテくされ、「会社は自分のことをぜんぜんわかっていない」と手抜きをする。

挙句《あげく》の果てに上司と揉《も》め、周囲のことはおかまいなしに、自分の都合だけでいきなり会社を辞める。まったくもって身勝手で、かわいげがなく、**「コイツだけは絶対、部下にしたくない！」**と誰もが思うヤツ。

——実はコレ、かつての私のことなんです。

今でこそ「究極のじじい転《ころ》がし」と言われる私ですが、過去2回の失職の原因はいず

れも上司との衝突《しょうとつ》。上司に口答えし、女性週刊誌の記者をクビ同然で辞めたときは、さすがに「このままではいかん」と自戒《じかい》し、大いに悩みました。

そして気づいたのが、上司、もとい「じじい」と**対立するのではなく、その生態をちゃんと理解し、自分の思うがままに活用すること**が重要だということ。そして、そのための「心構え」と「技術」が自分には足りていない、いや、完全に欠落しているということでした。

つまり私は、**「じじいリテラシー」の必要性に気がついたのです**（リテラシーとは「活用する技術」のこと）。

あらためて周囲を見渡してみると、自分の会社はもちろんのこと、政界、財界、芸能界、宗教界……どの世界もじじいに満ちあふれていました。そう、**世界はじじいで回っている**——私は35歳にして、ようやくそのことを悟《さと》ったのです。

その後、「じじいリテラシー」を一からしっかりと身につけることで、私の仕事環境は激変しました。

もうひとつの顔であるきき酒師として「男性社会」である酒の世界で生きていられるのは、じじいリテラシーのおかげと言っても過言ではないでしょう。

以前のように、自分のことを棚《たな》に上げて、じじいが悪いと一方的に責任転嫁《てんか》するようなことはなくなりました。

むしろ、じじいを味方につけながら、日本酒サービス研究会・酒匠《さかしょう》研究会連合会の副会長に就任させていただいたり、名誉きき酒師に任命していただいたりと、いろいろ責任ある仕事まで任されるようになったのです。

じじい転がしが功《こう》を奏《そう》し、現在お仕事をご一緒させていただく多くは、編集長や社長といった「肩書に〝長〟がつく方」ばかり。彼らは皆、決定権を持っていますので、**自分がやりたい企画が通りやすくなり、仕事が一段とスムーズになりました。**


このような自分の経験からも断言できます。

じじいに認められなければ、仕事はうまくいかないし、好きな仕事も一生できないでしょう。出世なんて夢のまた夢。**社会人としての明るい未来は、じじいなくしてはあり**

えないのです。

会社の権力はじじいが握っている

ここまで言っても、「ケッ、中年女のお説教じゃん」と思われる方もいるかもしれませんね。怖いもの知らずだった若かりし頃の私だったら、間違いなく「実力さえあれば、じじいなんて関係ない」と毒づいていたでしょう。

そのようにじじいを軽視する方のほとんどは、怪しい自己啓発《けいはつ》セミナーに参加してみたり、やたら参加費が高い異業種交流会で名刺を配りまくったりと、会社の外へ外へと目を向けます。

それもまた悪くはないけれど、薄っぺらな人脈や数しか自慢できない名刺なんて、出世にはなんの役にも立ちません。会社という組織に身を置き続け、その中で成功したいと思うのなら、**まずは何をさしおいても大事なのはじじい、それも身内のじじいを制することです。**

だって、会社の主導権はじじいが握っているのですから。

今こそ、正しい「じじいリテラシー」を身につけ、近い将来のために確固《かっこ》たる地位を社内で確立し、好きな仕事ができるようになるための基盤作りをすべきなのです。

なんで「今」なのかって？

それは、かつてない不況時だからです。

いつまで経っても景気が回復せず、明るい光が見えない今、企業は新規の雇用人数（特に新卒の数）を減らし、守りの状態に入っています。そこに東日本大震災が追い打ちをかけました。

みな意気消沈《いきしょうちん》していますが、**だからこそ大きなチャンスなのです。**

ちょっと考えてみてください。雇用人数が少ないということは、ライバルが少ないということ。つまりは「目立ったもん勝ち」なのです。

目立つといっても、「自己主張しろ」と言っているのではありません。じじいにかわいがられるためのノウハウをマスターして、「コイツ、今どきの若者にしてはなかなか骨があるな」と注目されるようになってほしいのです。

ぶっちゃけ、「じじいを上手に転がしちゃいましょうよ」ってことです。

すべてのじじいに愛を！

じじいを転がすといっても、すべてのじじいに通じる魔法のリテラシーなんてものはなく、タイプによって方法を変えないと効果はありません。

ということで、本書では会社に棲息《せいそく》するじじいたちを、

- **オレオレじじい**
- **うんちくじじい**
- **肉食じじい**
- **茶坊主《ちゃぼうず》じじい**
- **9時5時じじい**

・耕《こう》作《さく》じじい

の6タイプに分類。

過去20年までさかのぼり、私が見てきた数々の強烈《きょうれつ》なじじいをサンプルに、思わず「いるいる」と言ってしまうような、リアルなじじいたちの生態をまとめました。そして、**タイプごとのじじいに合った実践的かつ効果的な転がし方、いえ、リテラシーを網《もう》羅《ら》しています。**

各じじいの特徴を際立《きわだ》たせるために、あえて極端な例を挙げているところもありますが、確実にあなたの会社にもこの6タイプのじじいたちが「いる」はずです。

思い浮かぶ顔があるのではないでしょうか？

本書を読み進めるうちに、憎《にく》いと思っていたじじいに愛《いと》おしささえ覚えていくことでしょう。**実はこの「愛」こそが、じじいリテラシーに欠かせないファクターなのです。**

どんなに嫌なクソじじいとて、しょせんは人間。こちらが愛をもって接すれば、必ずや心を開いてくれます。

心が通じ合えば、コミュニケーションもうまくいきますし、かつ仕事も円滑《えんかつ》になり、さらには信頼が増すことでやりがいのある仕事を任されるようにもなる。そうなると毎日の通勤も楽しくなりますよね。まさに人生バラ色です。

さあ、そのメソッドを本書から学び取ってください。

読み終えたあと、「このクソじじいが」と思っていた上司が、「愛すべきクソじじい」と思えるようになったら、じじいリテラシーはあなたのものです！

第一章　「オレオレじじい」リテラシー

話の8割が
自慢話
人の話を最後まで
聞かない
オレがオレが
自分が
大好き
オレが
オレが
どんな話でも、
まずは軽く否定
する
助言される
のが嫌い

【オレオレじじい】人に振った話でも、必ず自分の話へと置き替えなくては気がすまないじじいです。

話のほとんどは自慢話で、主語は常に「オレ」。

自分の知らない分野のことには興味がなく、隙《すき》あらば自分が強い分野の話へと戻そうとします。ときには強引とも思える手法で、盛りあがっている場をぶち壊してでも自分の話にさしかえることがあります。

「自分がいちばん」と勘違いしているので、彼が知らない話や企画を持っていくと、興味があるフリをしながら「で、それってどうなの?」とか「悪くないんだけどさぁ」とまずは軽く否定します。

大きな世界ではなく、小さな世界に君臨することを望んでいますので、華《はな》を持たせてあげるように心がければ、扱い方は非常に簡単です。

オレ流

助言は厳禁。ヘタに助言してしまうと気分を損ね、逆恨《さかうら》みされるので、注意しましょう。

はじめまして折田鉄男です
これはこれは名刺をどう・・・
もッ!!?
ズラ〜ッ
今までのオレの歴史実績ポリシーをつめこんだら普通の名刺じゃおさまりきらないっていうかまあよくオレ変わってるねって言われるからまあそれが
個性っていうかぶっちゃけこんな名刺じゃオレの全てはわからないんだけど
わかりました
とても

話のすべてが「オレ自慢」

「あれ？　たしか俺の話をしてたよな。なのに、いつの間にか折田《おれだ》さんの話にすり替わっていないか？」

こんな経験、ありませんか？　いや、間違いなくあるでしょうね。

私なんて年中ありますよ。自分の話を聞いてほしいと思って一生懸命しゃべっていたのに、いつの間にか話題が聞き手だった人の話にすり替わり、気がつくとすっかり自分のほうが聞き手にまわっているってことが……。

カラオケで十八番《おはこ》の歌を気持ち良く歌っていて、サビの部分で突如マイクを奪われたかのような、そんな消化不良の気分に人を陥《おとしい》れる――それこそが「オレオレじじい」なのです。

日本の経済がどうなろうが、世界のどこかで大災害が起ころうが、オレオレじじいには一切関係ありません。

だって、話題の中心はいつも「オレ」なのですから。

オレオレじじいの話の大半は自慢です。「オレ」自慢がほとんどですが、それに飽き足らず、妻や子ども、果てはペットに至るまで、自分に関わることはすべて自慢のネタにします。

最近は、口で自慢するだけでは物足りないのか、名刺の裏を最大限に利用して文字で自慢するじじいが勢力を拡大しつつあります。名刺をひとたびひっくり返してみると、そこには華々《はなばな》しい経歴や受賞歴、著書などが、余白がないほどビッチリと書いてあったりします。

一般企業のじじいの場合は、オフィシャル名刺に勝手ができない分、個人で別名刺を作っていることが多いようです。

「実はオレ、こんなこともしてるんだよね」とニヤッと笑い、オフィシャル名刺より遥《はる》かに大事な別名刺をもったいつけたように差し出します。

別名刺の肩書には、趣味のサークルの代表やアマチュア無線技士、きき酒師といった特殊な資格、ときには「高校在学中、ピッチャーとして甲子園の準々決勝に進出」なんて経歴までもが書いてあったりします。

私はそれを見ると、**「ああ、こっちを自慢したいんだな。聞いてほしいんだな」と一瞬**

にして判断します。

予感は的中。別名刺に書かれた資格や経歴を尋《たず》ねると、「待ってました！」とばかりに自慢が始まり、じじいのゴキゲンは最高潮《さいこうちょう》に達します。

まずはとことん自慢させてあげる

そもそも、オレオレじじいはなぜ自慢したがるのでしょう？

それは、自慢することで自分を必要以上に大きく見せたいからです。

加齢《かれい》によって衰《おとろ》えてくる体力や精力。ふと気づくと「まだまだひよっこだな」と思っていた若い部下たちが徐々に力をつけ、いっぱしの口をきくようになっている。フツフツと湧《わ》き上がるオスとしての嫉妬《しっと》と危機感……。「オレってスゴイんだゼ」と自慢して虚《きょ》勢《せい》でも張らなければ、じじいは焦燥感《しょうそうかん》で押しつぶされてしまうのです。

これは、ハリネズミやフグが体を膨《ふく》らませ敵を威嚇《いかく》するのと同じこと。じじいにとって自慢は、老いた身を守る鎧《よろい》のようなものなのです。

そう考えれば、妻の血筋をさかのぼると平家《へいけ》にあたるとか、子どもが有名企業に就職したとかいうどうでもいい家族自慢や、いかにも駄犬《だけん》っぽい飼い犬の写真を無理やり見せられ自慢されたとしても、「かわいい」と思えてくるではありませんか。

そう、じじいの気がすむまで、せいぜい自慢させてあげればいいのです。

自慢話を聞くときは、**ただひたすら感動してあげましょう。**自分に同じような経験があったとしてもです。ヘタに口を挟《はさ》むと、「コイツ、オレと張り合う気か？」と思われ、妙なライバル心を燃やされちゃいますからね。

自慢話は一般的な話とは違い、聞き方にもちょっとしたコツがあります。

まず、**余計な質問はしないこと。**オレオレじじいはこちらから質問しなくても一方的にしゃべりまくりますので、興味のあるフリをして無理に質問しなくても結構です。変に質問をすると話が中断してヘソを曲げますので、リアクションをややオーバー気味に保ちながら聞き役に徹《てっ》することをおすすめします。

といっても、聞くばかりではじじいも自慢のしがいがないので、たまには質問をしなければいけません。この質問の仕方にはコツがあります。それは、**「あくまでもじじい本人を主人公にしてあげる」**ことです。

たとえば、オレオレじじいが「ロレックスを買った」という自慢話をおっぱじめたとしましょう。ロレックスと聞くと時計本体の質問をしたくなりますが、彼らが欲しがっている質問はそんなことではありません。

自慢したいのは時計ではなく、**「ロレックスを持ってるオレ」**ですので、質問は時計ではなく、じじい本人にスポットが当たるよう工夫しなくてはなりません。

いくつか例を挙げてみましょう。

「ロレックスって、つける人を選ぶ時計ですよね」
「ロレックスをつけるってどんな気分ですか」
「ロレックスみたいに高い時計を買うのって勇気がいるでしょうね」

いかがですか？　こうした質問であればじじいが話の中心になって、気持ち良く自慢話ができますよね。

適度なおだても加えつつ、優越感をくすぐり、思う存分自慢話をさせてあげてください。

「オレ自慢」の使い方

いくら出世のためとはいえ、「じじいの自慢話を聞かされるなんてまっぴら」と思う方も多いでしょうが、私はそう嫌いではありません。

もちろん、度を越えた自慢話はうっとうしいだけですが、若いときの武勇伝を嬉《うれ》しそうに話すじじいは、目がキラキラとして少年のようで胸がキュンッとします。

しかし、我が国において自慢話をする人はとかく嫌われがちです。もともと日本人は秘《ひ》することを美としてきたことも影響しているのかもしれません。

オレオレじじい的なうっとうしい自慢は、他山《たざん》の石として絶対にマネしたくないところですが、でも使い方さえ間違えなければ、**自慢は自分をPRするための大きな武器にもなります。**

他の人と比べて自分のほうが明らかに勝《まさ》っていると思う点は、どんどん自慢（アピール）したほうがいいですし、それによって来る仕事も大きく変わってきます。

一見、どうしようもないことばかりを自慢しているように見えるじじいですが、実はキチンと仕事のうえで有利になる自慢をしていたりもするのです。

その証拠として、自慢上手なじじいには必ずと言っていいほどそれなりの役職がついています。大勢いる職場でそれなりの役職が欲しいと思ったら、他の人より抜きん出なくてはなりません。

そこで必要なのが、自慢というアピールです。

自分に才能があることをさりげなく自慢すれば、今以上に能力が生かせる部署へ異動することも夢ではありません。そこで才能が開花すれば、「役職」というさらなるごほうびが待っているのです。

上手な自慢の仕方はいろいろありますが、おすすめは**オフィス以外の場での自慢**です。オフィスでは他の人の目もありますし、そんな場でストレートに自慢しても「鼻持《はなも》ちならないヤツ」と思われるだけですからね。

社員食堂、トイレ、エレベーター、屋上など、チャンスの場は探せば結構あるものです。そこで上司と遭遇《そうぐう》したら、雑談をしながら巧《たく》みに自慢を紛《まぎ》れ込ませましょう。

その場合、いきなり自慢すると唐突《とうとつ》すぎるので、まずは自分から上司に話を振るとスムーズです。たとえば……

「折田さんってたしか慶応《けいおう》の英文科ですよね」
「ああ、よく覚えてるな」
「いや、最近僕も英語の必要性を実感して、ついに英会話教室に通《かよ》い始めたんですよ」
「へえ、がんばってるねえ」
「実は先日受けたTOEICで初めて700点を超えまして、ホンのわずかですが自信がついてきました」

という具合です。これならサラッとした感じで嫌《いや》みがなく、かつ相手にもキチンと自分の得意なことや努力している姿を伝えることができますよね。

こんなのもいかがでしょう?

「僕が入社したときから折田さんって体型が変わらないですよね。何かスポーツしてらっしゃるんですか？」

「ああ、暇《ひま》を見てスポーツクラブでトレーニングしてるよ。この前、娘の友達にも『お父さん、わか〜い』って褒《ほ》められちゃったな」

「僕も折田さんみたいになりたくて、最近ジョギングを始めたんです。ようやく10キロ走れるようになりまして……」

「へー、やるじゃないか」

「体力には自信がありますので、新しいプロジェクトで何か動きがありましたら、ぜひお声をかけてください。バシバシ働きますよ（笑）」

若手ならではの爽《さわ》やかさがあふれた「プチ自慢」といったところでしょうか。じじいを持ち上げつつ、ついでに仕事への意欲を見せ、さらには「新しいプロジェクトに参加したい」という意志も密《ひそ》かに伝えています。

こうした自慢は一度だけでなく、事《こと》ある度にしましょう。**自慢はジャブ同様、何度も**

くり返し行うことでズーンと深く効いてきます。

じじいは褒めろ、持ち上げろ！

「褒められたい！」

こう思うのは、オレオレじじいに限らず、どのじじいにも共通することです。じじいになればなるほど、その欲求は高くなる傾向があります。子どもの頃はよく育つようにと小さなことでも褒めてもらえましたが、すでに成長が止まり、退化の一途《いっと》をたどる一方のじじいを褒めてくれる人はほとんどいません。

じじいがオネエちゃんのいる店に行き、家で飲めばわずか数百円のビールに大枚《たいまい》をはたくのは、褒めてもらえるからなのです。

「お金を払ってまで褒めてもらいたいなんて……」と眉《まゆ》をひそめる方もいるかもしれませんが、じじいにとって褒めてもらうことは、「自信」という働くためのエサを補給するようなもの。

人に吠《ほ》えつく犬だって、エサで手なづけると従順《じゅうじゅん》になりますよね。じじいだって一緒です。エサをくれる、いえ、褒めてくれる人になつきます。エサはお金がかかりますが褒めるのはタダ。どんどん褒めてあげましょう。

しかし、褒めることは意外とむずかしいもの。ヘタな褒め方をしてしまうと、「コイツ、オレのことをこんなに持ち上げやがって、何か魂胆《こんたん》があるに違いない」と訝《いぶか》られてしまう危険性があります。

普段から人を褒め慣れている方なら問題ありませんが、「ちょっと自信ないかも……」とご心配の方には、**「人の口を介《かい》して褒める」テクニックが失敗もなくおすすめです。**引っ張り出すのはじじいの上司、またはじじいと仲がいい同僚がいいでしょう。たとえばこんな感じです。

「今日の会議は長かったなー」
「ええ、でもさすが折田さんですね。あの企画、メチャクチャ斬新《ざんしん》だと思います」
「そうか。やっぱり、お前もそう思うか」
「はい。そういえば部長が折田さんのこと褒めていましたよ。『折田は若い頃から他のヤツと出す企画のレベルが違う』って」

「部長が？」

「ええ。『社運はアイツにかかってる』とも」


どうです？　体がむずがゆくなりそうなおべんちゃらでも、部長を引っ張り出してくることでとてもスマートに聞こえますよね。

このときはちょっとくらい脚色《きゃくしょく》しても問題ありません。さすがのオレオレじじいとて、「私のことを褒めてくださったんですよね」と上司に確認することはないでしょうから。

ただし、人の口を介しているのですからウソはいけません。万が一のことを考えて、**「すごく」「とても」「非常に」といった、元の褒め言葉が一回り大きくなる形容詞をつける程度にとどめておくのが賢明です。**

褒める内容はいろいろありますが、手始めはまずじじいの仕事ぶりがいいでしょう。仕事ぶりを褒められることは何より自信につながりますし、もっとも無難ですからね。

若々しさやルックスなど、外見に関しては、上司ではなく女性社員、それもとびきり美人の口を借りましょう。

「受付のさゆりさんが折田さんのこと『いつもダンディね』と褒めていましたよ」などと言われたら、オレオレじじいは木に登るどころか宇宙まで舞い上がるはず。

この方法はむずかしいテクニックは一切不要ですし、今すぐ試すことができます。太《たい》鼓《こ》持《も》ちビギナーは、まずはここからスタートしてみてください。

じじいの外見は、実は「褒めポイント」

私もいろいろなじじいをさまざまな方法で褒めていますが、いつもむずかしいと思うのが外見の褒め方です。

いい気分にさせてやろうとするあまり、本人とは似ても似つかない著名人の名をうっかり口にしてしまったら、ただのおべんちゃらにしか聞こえず、なつくどころか思い切り威《い》嚇《かく》されてしまいます。

ですので、著名人に喩《たと》える場合は、**「ちょっと高い下駄《げた》をはかせたら似ているかも」**程度の存在にとどめておくのが無難です。

たとえば額《ひたい》の広さや髪型、あごひげといった、どことなく俳優の渡辺謙さんっぽいエッセンスを持っているじじいがいるとします。たしかに角度によっては似ていなくもない。ファッションや髪型からして、おそらく本人も意識しているはず……となったら、「渡辺謙さんに似てるって言われたことありませんか?」とすかさず言ってみましょう。

口元を緩《ゆる》めながら「ああ、たまにね」と肯定したら大成功です。

こういう場合、実は本人も「オレって渡辺謙に似てるかも」と密かに思っているものです。それを他人から言われることにより、「オレは渡辺謙に似ている」と初めて断定でき、大きな喜びとなるのです。

身長や年齢にしてもこれと同じことが言えます。たとえば身長178センチのじじいであれば、「Aさんって身長180センチ以上ありますよね」とか、50歳のじじいなら「40代にしか見えません」といった感じです。

あくまでも「ちょっと」がポイントです。そうですね、履かせる下駄の高さはせいぜい10センチ程度でしょうか? くれぐれも天狗《てんぐ》が履くような高下駄は履かせないようにしましょう。

身内を褒められて嬉しくない人はいない

このように、外見を褒めることができるじじいはまだいいのですが、なかには気の毒なほど残念な外見のじじいもいて、その方にはこの「10センチ高下駄褒め」は使えません。

しかし、残念な外見のじじいにも必ず褒めポイントはあるものです。たとえばネクタイの色やビシッとアイロンのかかったワイシャツ、指の形や爪《つめ》、歯など、小さなパーツをよく観察してみましょう。

それでも見つからない場合は、**声や話し方といった部分にも注目してみてください。**

私の知り合いで、見かけは『怪物くん』に出てくるフランケンと瓜二《うりふた》つなのですが、声は徳永英明《ひであき》さんにそっくりなじじいがいます。目をつぶって彼の声を聞いていると、そこにはまさに美声の徳永英明さんがっ！

彼自身もそれが自慢のようで、「徳永英明さんの声にそっくりですね」と言うとまんざらでもない表情をして、調子に乗って歌まで披露《ひろう》してくれることもあります。

「褒め上手は観察眼が鋭《するど》い」というのが私の持論です。人をいい気分にさせてくれる方は、「えっ、そうくるか!?」と驚くような褒めの変化球をビシバシ投げてきます。

私自身、非常に嬉しいと思うのは、私というフィルターを通して親を褒めてもらうことです。「あなたを見ていると、ご両親がどんなにステキな方かが想像できますね」などと言われると、自分自身はもちろん、同時に両親も褒めてもらっていることになります。

私もこの褒め方は使わせていただいていて、**じじいを通して彼の両親、妻、子どもを褒めます。**「安藤さんみたいな方の奥さんって幸せなんでしょうねぇ」とか「息子さんイケメンですね。安藤さんにそっくり!」と言うと、どのじじいも満面の笑みを浮かべてくれます。

誰でもそうですが、身内を褒められて嬉しくない人はいませんよね。

他にも、性格を褒める、時間に正確なことを褒める、洋服や時計などの小物を褒めるなど、褒めるチャンスはいくらでもあります。

じじいの行動を細かくチェックし、「褒め時」を見逃さないよう観察眼を日々磨《みが》いていきましょう。

キャッチ&クイックリターン法

ここまで滔々《とうとう》とオレオレじじいを褒める方法についてお話ししてきましたが、そればかりでは仕事はスムーズにいきません。

オレオレじじいには「話をどこまでも広げて収集がつかない」という恐ろしい必殺ワザがあり、これをどういなすかによって仕事の効率が変わると言ってもいいでしょう。

そもそもオレオレじじいの興味は「オレにありき」ですから、人の話なんて知ったこっちゃありません。こちらが投げた言葉のなかに自分の興味あるキーワードがあると、それをネタに本題そっちのけで話をどんどん違う方向に広げていきます。

たとえば……

「折田さん、10月に出す新しいブランドのネーミングについてなんですが――」

「おー、10月だったな。10月っていえばオレの誕生日なんだよ」

「そうでしたか。おいくつになられるんでしたっけ?」
「55歳。オレももうアラカン(アラウンド還暦《かんれき》)だよ」
「いやー、若いですねー」
「最近、スポーツクラブに通い出してな。ヨガがまた効くんだよ」

これを読んで「あるある」と思った方、苦労されていますね。おつかれさまです。世にはびこるオレオレじじいの多くはこんな感じで、本題に行き着くまで1時間なんてざら。ですので、ここに挙げた会話のように、自ら呼び水となるような質問をしてしまうと、いつまで経っても話が終わらないエンドレス・オレオレ地獄に陥ってしまいます。

そうならないために身につけたいのが、「キャッチ&クイックリターン法」です。これは、**相手の話をまず受け止め、すぐに話を本題に戻すテクニックです。**

先に挙げた例をとって説明しましょう。

「折田さん、10月に出す新しいブランドのネーミングについてなんですが――」

「おー、10月だったな。10月っていえばオレの誕生日なんだよ」

「いい季節ですね。では、誕生日には新ブランドのジャケットを着てお祝いといきましょうか」

「ジャケットっていえば、A社の麻《あさ》のジャケットが売れてるらしいな」

「そうらしいですね。うちも負けないようにいいブランドネームをつけましょう」


例を見てわかる通り、じじいは相変わらず話を別方向に広げていますが、受け手の対応は最初とまったく違います。

ここで大事なのは、相手の言ったことをまずキャッチするということ。さらっと流してしまうと反感を買いますが、受け止めてあげることで「話を聞いている」という印象を与えることができます。

さらに重要なのが、すぐに話を戻すこと。そう、クイックリターンです。**ふた言目には話を本題に戻すよう心がけてください。**

遠慮して話を合わせていると、じじいのペースにはまり、本題がなんだったのかさえわからなくなってしまいます。それが続くと、周囲から「できないヤツ」の烙印《らくいん》を押され、トホホな会社員人生まっしぐらです。

そんなことにならぬよう、このテクニックをしかと身につけてください。

本題が終わったら、もっとも話したいであろう誕生日に話を戻してあげると好感度アップにつながります。ま、本題を終えるのも一苦労でしょうから、それは心に余裕のあるときにということで……。

「でも」「だって」「逆に」は禁句

さまざまなテクニックを駆使《くし》したところで、自分の話しかしないじじいの話を聞くのは「正直しんどい」のひと言。ときにはぶちキレて、反抗したくなることもあるでしょう。

気持ちはわかるけど、ガマンしてくださいね。

オレオレじじいが世界でいちばん愛しているのは「オレ」。自分のことが大好きで、そしてかわいくてたまらないのです。ですので、自分を否定したり、逆《さか》らう人は即座に「敵」と見なします。

逆鱗《げきりん》に触れる言葉は、「でも」や「だって」、「逆に」といった、話をくつがえされる接続詞。これを聞いた途端、烈火《れっか》のごとく怒り出します。

しかしそうは言っても、じじいとて、ときには間違ったことや共感できないことを言うものです。そうしたことをただ黙って聞くのはストレスが溜《た》まりますし、かといって否定すれば機嫌を損ねる。

まったくもって扱いにくいわがままなじじいですが、それでも同じ職場で働く者として間違ったことを伝えるのは義務でもあります。

え、心配ですか？　大丈夫です。言い方さえ工夫すれば、頑《かたく》ななオレオレじじいだって素直に意見を聞いてくれます。

まず注意したいのは、**いきなりズバッと否定しないこと。**「それって違うと思いますよ」と真顔で言われたら、誰だって腹が立ちますよね。「自分とは考えが違うな」と思っても、とにかく最初は共感したフリをしてください。

間違いや意見の相違を述べるのはそのあとです。そのときも、断定的に否定するのではなく、「折田さんのお考えも本当に素晴らしいと思うんですが、こっちの別案だとマズイですかね？」というように、**あくまでも相手を立てた相談口調を心がけましょう。**

こういう言い方であれば、相手を尊重しつつ、自分の考えも主張できますし、「コイツ、意外と考えてるな」と評価まで上がります。

じじいと飲む技術

こうして書くのはカンタンですが、年上の人に物言《ものい》いするってホントに勇気がいりますよね。怒らせてしまうのではないか、目をつけられてしまうのではないかと不安になるのは当然のことです。

こうしたことをスムーズに行うためには、**普段からの「根回し」が重要となってきます。**もっとも有効なのは「酒場活動」です。

「飲みニケーション」という言葉が死語になりつつある今、若い世代は「仕事が終わったあとまで上司と顔を突き合わせるなんてごめんだね」と思う方が大多数を占めています。

個人主義も結構ですが、それではあまりにもったいない。年に数回でもいいので、じじいとお酒を飲む機会を積極的に作ってください。

「酒場活動」は目的によって飲み方を分けましょう。ここでは2つに分類します。

①サシでとことんいく〈服従飲み〉

社内での飲み会というと大概は大人数。それはそれで利点もありますが、大人数の場合、小グループがいくつもできてしまい、席替えをしない限り全員と話すことは非常にむずかしいですよね。

コミュニケーションを深め、信頼関係のパイプをより太くしたいと思うのなら、サシで飲むのがいちばんです。「折田さん、今夜はサシでとことんいきましょうよ！」と自分から誘ってみましょう。

社内でオレオレじじいとサシで飲もうと思う豪傑《ごうけつ》はまずいませんので、それだけでも「骨のあるヤツだ」と感心されます。

酒場でのオレオレじじいはまさにワンマンショーといった風《ふう》。酒によって一層軽くなった舌はとどまることを知りません。ですので最初から「口をはさむ余地はない」と思っておいてください。

あ、あと終電もあきらめてくださいね。居酒屋から始まってバー、カラオケ、ラーメンでしめるゴールデンコースになるのは確実。オレオレじじいはいったん火がつくと電池が切れるまでしゃべり倒しますから、相当な覚悟が必要です。

こう書くと尻込《しりご》みする方もいるかもしれません。「話を聞くばかりじゃなく、自分のことも理解してもらいたい」とも思うでしょう。

でもそこをグッとガマンして、まずは自分がオレオレじじいの人となり、喜ぶツボ、自慢のネタをキチンと理解することが先決です。

サシ飲みの大きな目的はオレオレじじいへの忠誠心、そして「服従してますよ」という態度を見せること。こうしたことをくり返すことで、確固たる安心感をオレオレじじいに植え付けることができるのです。

②証人を加えた〈おねだり飲み〉

酒場でのオレオレじじいは、いつにも増して自信たっぷり。相談事をしたり、その場で思いついた企画を提案すると、デキる上司、物わかりの良い上司として見られたいあまり、ろくに話も聞かず「オレに任しておけ!」などといい加減なことを言います。

しかし、翌朝になれば記憶はきれいさっぱり削除。前夜の酒場活動は徒労《とろう》に終わってしまいます。

酒場で言いたいこと、聞いてほしいことがある場合は、**サシではなく信頼の置ける同僚を同伴させることをおすすめします。**

同僚は言わば証人。忘れっぽいオレオレじじいであっても、同席した人のことまでは忘れません。翌朝、確認も兼ねて「昨夜お話しさせていただいた件で、さっき山中君とも話していたんですけど」といきなりボディブローをかましてください。

「山中も自分の話を聞いていた」となれば、いくらなんでも「忘れた」とは言えませんからね。

私もこの方法をよく使っています。ここ最近、編集者と飲むときは、大概が5年来っきあいのある編集プロダクションの女社長が一緒。私が飲みながら新しい企画の話を始めると、女社長は「そうそう、それって女子の間で流行《はや》ってるよね」といった感じで絶妙なフォローをしてくれます。

お酒の勢いもあって、編集者は「それいいですね！　本にしましょう！」となるのですが、翌朝になると「昨夜の勢いはいずこやら」という方がほとんど。単独でお礼メールをしてもお茶を濁《にご》されることがあるので、こういうときは必ず「証人」である女社長をCCにして、「昨夜の話は彼女も聞いてたもんね」光線を出しまくります。

その後は必ず電話で次に会う約束を取りつけ、企画書を持参し、女社長とセットで先方の会社に乗り込みます。こうなると相手も目を通さないわけにはいかないようで、きちんと時間を取って対応してくれます（企画が通るかどうかはまた別問題ですが）。

とはいえ、オレオレじじいは責められることを極端に嫌いますので、「覚えてない」と言われたらそこまで。無理強いせず、次のチャンスを狙いましょう。

とにかく、じじいと時間を共有することが大事

酒場はじじいを思い切り解放してくれる場所です。

そうした場所でお酒を飲みながら腹を割って話していると、じじいのいろいろな顔が見えてきますし、職場では言いにくかったこともお酒の力でするっと言えたりするものです。互いを知ることで心の距離が縮まり、親近感と安心感が生まれ、コミュニケーションも一層深まります。

こうしたことを普段からコツコツとしておくと、強度の信頼関係が構築されるので、ちょっとした物言いくらいではびくともしません。

しかし、なかには下戸《げこ》の方もいらっしゃるでしょう。心配は無用です。無理にお酒を飲まなくてもいいんです。ほら、お酒はまったく飲めないけど、最後のカラオケまでつきあう人っているじゃないですか。それでいいのです。

お酒が飲めないからと即《そく》シャッターを閉めてしまうのは、自らチャンスを放棄《ほうき》しているようなもの。大事なことはお酒を飲むことではなく、**要は時間と楽しみをじじいと共有しながらコミュニケーションを深めることなのですから。**

考えてみると、私はこの「酒場活動」で多くの仕事をつかんできました。女性週刊誌の記者時代、酒場は自己PRの場でしたし、フリーランスになってからは営業と企画提案の場となっています。

企画提案といっても、企画書持参で……なんて堅《かた》いものではありません。以前から温めている企画や雑談のなかで思いついた企画を酒を飲みながらぺらぺらと話すだけです。そこから生まれた作品がいくつあることか。お酒が飲めて良かったなあとしみじみ思います。

じじいと頻繁《ひんぱん》に飲みに行くようになると、「媚《こ》びを売りやがって」と陰口《かげぐち》をたたく輩《やから》も出てくるでしょう。私も「実力ではなく酒の力で仕事を取っている」と陰口をたたかれ、悔《くや》しい思いをたくさんしてきました。でも、仕事は取ったもん勝ち。そうした声は右から左へサッサと流してしまいましょう。

職場内だけのコミュニケーションには限界があります。定期的な「酒場活動」で、じじいのハートをわしづかみにしてくださいね。

「個性」を履《は》き違えるな！

ここまでしつこく「じじいと飲め」と言っても、「じじいと飲むなんて時間のムダ」と頑なに拒否する人がいます。「そんな昭和みたいなことをやっても意味がない」と。

こういうタイプの多くは、年上のじじいに敬意を払うことは一切なく、あいさつも申し訳程度。すべてにおいて「自分のほうがじじいより上」と思い込んでいます。

血気《けっき》盛んで向上心がある若い世代にありがちですが、経験豊富なじじい世代からしてみると、ただの「勘違い野郎」にしか見えません。

オレオレじじいに限らず、**勘違い野郎はすべてのじじいに敬遠されると言っても過言ではないでしょう。**上司や同僚とうまく渡りあえず、会社で浮いている人の十中八九がこのタイプです。

かつての日本は「皆と同じことが安心」の「右へならえ教育」でしたが、徐々に「皆と違うことが良いこと」となり、「個性を伸ばす教育」が重要視されるようになってきました。個性を伸ばすのは私も大賛成ですが、そうした教育は一方で、何もかもが「オレ流」で、そこから外れることは「邪道《じゃどう》」と見なす勘違い野郎を多く輩出《はいしゅつ》してしまったように思います。

こうしたタイプの特徴は、常に「オレはこんな小さな会社におさまりきるような人間じゃない」と思い、根拠、才能、経験もないのにビッグになることを夢見ていることです。

一見、「オレ好き」のオレオレじじいと同類のように見えますが、**大きな違いは「協調性」が皆無《かいむ》だということ。**勘違い野郎は端《はな》から会社をバカにしていますので、社内のコミュニケーションなんて屁《へ》としか思っていません。

一方のオレオレじじいは、目には見えにくくとも、協調性を非常に大事にしています。会社の行事には必ず参加しますし、社内の野球チームなんかにも所属していたりします。

勘違い野郎がマメに顔を出すのは高額な会費の異業種交流会ばかり。今いる会社でも評価されていない人間が、別の場所で成功するなんてことはまずありえないのですが、本人は「業界の歴史に名を残すカリスマ営業マンや経営者」になることを信じて疑いません。

会社という組織に属しながら、こうした考えを持つことはメチャクチャ損です。個性を生かし、会社のなかで好きな仕事をしたいのなら、ある程度の役職に就《つ》き、社内の信頼を得なければなりません。

それにはまず、社内でのコミュニケーションをはかることが何よりも大切なのです。運良く努力なしでやりたいことができたとしても、「見渡せば敵だらけ」状態で、長続きはまずしないでしょう。


都内に数店舗のヘアサロンを経営する知人は、「最近の若い世代は勘違い野郎ばっかりだ」と嘆《なげ》きます。

彼のもとには全国から美容師希望の若者が押し寄せます。しかし、理美容学校を卒業したての若者にいきなり大事なお客様を任すわけにはいきません。最初の数カ月は様子見と研修も兼ね、サロンの掃除や終業後の練習が新人の主な仕事。

しかし、その多くは3カ月くらいで「ヘアサロンに就職したのになんでお客様のヘアをいじれないのか」と文句を言ってくるそうです。

友人が、カットやシャンプーの技術はもとより、接客方法や会話術を学ぶことが第一であることを伝えると、かなりの確率で辞めてしまうのだそう。これはまさに、自分を過大評価している傲慢《ごうまん》な「勘違い野郎」ですよね。

辞めていった彼等の顚末《てんまつ》はというと、親が出した資金でサロンを開設して早々に失敗したり、早さと安さだけが売りの低レベルのサロンでこき使われるのが関《せき》の山《やま》なのだとか。何をもってしても、社会人としてのベースができていないとダメになるという良い例ですね。

会社という枠《わく》のなかで自分のやりたいことをしたいと思うなら、まずは上司であるじじいありきです。スキルを磨くのはちょっとおいといて、まずはじじいに好かれる努力をしてみませんか？

それこそが、**自分が望む地位を獲得するいちばんの近道なのです。**間違った個性をふりかざし、いきがればいきがるほど、夢は遠のいていくばかりです。

勢いのある若い世代からすれば、「じじいだって好き勝手してるじゃないか」と思うかもしれません。でもじじいには、前述したよう「協調性」があります。好きなことばかりしているように見えるオレオレじじいでも、その実、一会社員として周囲との調和を大事にしています。

そうでなければ、上司に疎《うと》まれ、とっくの昔にクビになっているでしょう。もしくは、閑職《かんしょく》に追いやられているはずです。

会社のなかで出せる個性には限界があり、度を超えた個性、身分不相応な夢は社内を乱し、上司に嫌われるだけです。じじいはそこをキチンと心得ているのです。

見習うべきは、社内における個性の絶妙なさじ加減。好かれる個性と嫌われる個性の違いを、じじいから学び取りましょう。

オレオレじじいの進化形「ムチャぶりじじい」

褒めたり、持ち上げたり、自慢話を黙って聞いたり……ストレスの元凶《げんきょう》になりかねない「オレオレじじい」に対するリテラシーを学び、やれやれとひと息つきたいところですが、人生そう甘くはありません。

オレオレじじいなんてまだかわいいもの。社内にはさらに手強《てごわ》い猛獣《もうじゅう》・ムチャぶりじじいが潜《ひそ》んでいるのです。

彼らはいわばオレオレじじいの進化形とも言えるじじいで、扱い方はとてつもなく厄《やっ》介《かい》。「世界の中心はオレ」というベースはオレオレじじいと同じですが、**大きく異なるのは「自分の言ったことに責任を持たない」ところです。**

言うことのほとんどが思いつきで、それだけならまだしも、周囲の人をどこまでも巻き込むクセがあります。部下としては、上司の命令とあればたとえ思いつきであったとしても「仰《おお》せの通りにせねば」と即刻動くワケですが、これがまた命取りになりかねません。

なぜなら、ムチャぶりじじいは話を振った時点で自分の言ったことをほぼ忘れているからです。ムチャぶりじじいの言ったことを真《ま》に受け、動き始めた途端、「オレ、そんなこと言ったっけ?」「ああ、思い出したけど、もう興味ないや」などと、いきなり話をひっくり返されることも珍しくありません。

読みながら、「いるいる。まさに俺の上司がそうだよ」とうなずいている方もいることでしょう。

話をひっくり返されたとき、信用を失うのはじじいではなく、直接の担当であるあなたです。こうなると「運が悪い」だけではすまされませんよね。そうならないためにも、基本のリテラシーを覚えておきましょう。

①じじいの言葉を文章化する

前述したように、ムチャぶりじじいは、天才的なまでに言ったそばから物事を忘れていきます。「だったら適当に流せばいいじゃん」と思いがちですが、それはあまりにも危険。というのは、ごくたまに思いつきではなく、本気の案件が交《ま》じっていたりするからです。

「オレの言ったことは絶対」がモットーのじじいですから、何も動いてないと知るや否《いな》や、猛烈に怒り出します。これを防ぐ最良の方法は、**ムチャぶりじじいが言ったことを文章化し、書面でもって再確認することです。**

そもそも思いつきで物を言う人の多くは、その場の気分やノリで話しているだけで、目的や着地点がほとんど見えていません。話の内容を文章化することにより、ようやく全体像がつかめ、その企画が本当に必要か否かを初めて理解することができるのです。

文章化といっても、PDFやパワーポイントを駆使した大げさなものを作る必要はなく（そんなことは時間のムダです）、**ワードでペラ一枚程度にまとめればOK**。1日くらいおいて書面をムチャぶりじじいに見せ、乗り気なら動く、さして反応がないならとりあえず流しておけばいいのです。

多少手間はかかりますが、このプロセスをひとつ挟むことで、ムチャぶりじじいに振り回されることなく、ヘタに周囲を巻き込んでしまう危険性も低くなります。

しかし、気分屋でもあるムチャぶりじじいのこと、塩漬《しおづ》けにしていた古い話をいきなり持ち出してくることがあります。

そんなときは、こんなふうに対応するといいでしょう。

「おい、佐藤。あの東京ドームのイベントの件、どうした？」

「あっ……東京ドームの件ですよね。僕、折田さんに言われて以来、どういうふうに進めようかと、ずーーーっと考えているんですよ。あまりにも考えすぎちゃって、アイデアがまとまりきらなくて……。本当に申し訳ありません」

……と、いかにも興味があり、忘れていないフリをして、その場をやりすごせばいいのです。

このように、ムチャぶりじじいが過去に振った話を再確認してくるときは、「つべこべ言わずにさっさとやれ」ということですから、迅速《じんそく》に事を進めてください。

このとき注意したいのは、**間違っても自ら古い話を蒸し返さないこと**。うっかり思い出させてしまうと、面倒が増えるだけ。気になることがあってもじじいの出方をじっと待つことが、難《なん》逃れにつながります。

②周囲にも予防線を張る

「ここまでやれば十分」と言いたいところですが、それにはちょっと早すぎます。いつどう豹変《ひょうへん》するかわからないムチャぶりじじいの場合は、本人だけではなく、周囲にも予防線を張っておく必要があるからです。

特に、ムチャぶりじじいから振られたプロジェクトを自ら中心になって動かす際は必須。あくまでも「チーム・ムチャぶり」のスタッフであり、「じじいの代理人」であるというスタンスをけっして忘れないようにしましょう。

それをさらに具体化にするには、**関わる人たちに「折田さん発案のもと、私が全権を委任《いにん》されてまいりました」と最初に断言してしまうことです。**

このようにひと言エクスキューズを入れておくと、ムチャぶりじじいの独断でプロジェクトが急にストップしてしまっても、責任の所在がムチャぶりじじいにあることが明確となり、恨《うら》まれることもまずありません。

ヘタに代表《だいひょう》面《づら》をしたり、「手柄《てがら》を横取りしてやろう」などというスケベ心は絶対に出さないでください。気まぐれなムチャぶりじじいのこと、いつ「やーめた」と言って、話をひっくり返すかわかりません。そうなったらおしまいです。

全責任を負わされるだけでなく、信用までも失ってしまいます。

不本意であっても、**ムチャぶりじじいが操《あやつ》る腹話術の人形になりきる**――これこそがムチャぶりじじいから身を守る最大の保身術なのです。

じじいの機嫌を「観察」せよ

さて、ムチャぶりじじいとのつきあい方の基本中の基本を会得《えとく》したところで、応用編とまいりましょう。

仕事をしていくうえで、「ただ上司に言われたことをやればいい」というワケにはいきません。社会人として経験を重ねてゆくうちに、自らが発案者・リーダーとなって進めていきたい企画も出てくるはずです。

一般的な上司であれば、ストレートに意思表示をすればいいのですが、「オレこそすべて」のムチャぶりじじいとなると、そうは問屋《とんや》が卸《おろ》しません。

ムチャぶりじじいは社内屈指の気分屋。周囲の視線なんておかまいなしで、公私混同しまくり。前夜に妻と大喧嘩《おおげんか》したりすると、翌朝、その怒りをオフィスにまで平気で持ち込みます。

二日酔《ふつかよ》いのときなんてもうサイアクです。酒が抜けるまで不機嫌で、動きも緩慢《かんまん》。やる気の「や」の字も見えません。そのときの感情をそのまんまストレートに顔に出すので、部下からすればいい迷惑。

しかし考えようによっては、これほどわかりやすいじじいはいません。**通したい企画や相談事は、機嫌が良いときを狙えばいいだけのこと。**それには日々、じじいを観察し、機嫌が良いときと悪いときのクセや行動パターンを読み取ることが大切です。

たとえば、機嫌が悪いと喫煙ルームに行く回数が増える、口数が減る、舌打ちをする、ペンをクルクル回す……など、感情を抑えきれないムチャぶりじじいは、何かしらのサインを出しています。

行動パターンで判断しきれない場合は、生贄《いけにえ》……いえ、他者とのやり取りを見て、じじいの機嫌をうかがいましょう。

これはほぼ確実です。部下に対し、やたらどなり散らしているときは、どんな素晴らしい企画であってもまず通りません。そういうときは嵐が去るのをジッと待ち、機嫌が良くなるまで行動しないほうが無難です。

ムチャぶりじじいの機嫌の良し悪しは日によってというより、極端に言えば午前と午後でも違います。タイミングを見失わないよう、継続的な観察を心がけてください。

このような「観察」は、じじいリテラシーの基礎をなすものになります。

みなさんも身近なじじいたちを観察することで、独自のリテラシーを身につけてください。それがいつの日か、究極のじじいリテラシーへとつながっていきます。

どうすれば観察眼を養《やしな》えるのか?

突き放した言い方ですが、社内のモンスターじじいに一度くらい騙《だま》され、身をもって痛い目にあうことで、見る目を養っていくしかないのです。

たとえば、じじいに怒られたときも、いちいち腹を立てず、逆に「チャンス」と思い、地雷となるのはどういう言動《げんどう》か、謝罪するタイミングはいつがいいかを、じっくり考えるようにしましょう。

これは恋愛と同じことです。

私も20代の若かりし頃は、周囲が「えーっ」と言うようなダメ男に引っかかり、挙句《あげく》の果てに暴力をふるわれたり女を作られたりと、さんざんでした。

その後、結婚→離婚と人並み以上の経験をしたことで、はじめて男性を見る目を養うことができたように思います。

過ちや失敗から学ぶ——これは学問でも、ビジネスでも、恋愛でも、じじいリテラシーでも同じことなのです。

オレの面接

私が御社を志望した理由はー・・・
オレはね
この会社に入ったらオレが会社を変えてやるって思ったね！
会社がどんななんて関係ねえだってオレが会社を変えるんだから
私の長所はー・・・
オレはね
ちょっと折田さん面接官に選んだの誰ー!?
悪いとこがないっていうかオなオレオしオレは
がらがらー

第二章「うんちくじじい」リテラシー

仕事よりもうんちく探しに精を出す
オタク
おせっかい
ねえ
ねえ
ねえ
ねえ
検定好き
酒が入ると、やたらうんちくを言いたがる

【うんちくじじい】仕事は大してできないくせに、「へ〜」と感心する雑学にだけはめっぽう強いじじいです。ことわざ、四文字熟語、歴史にも詳しく、トラブルなどがあると「飛んで火に入る夏の虫だね」と意地悪そうな笑みを浮かべながら言ったりします。

そのうんちく大王っぷりには家族までもが嫌悪しているため、うんちくを聞いてくれる相手を常に探しています。

収集癖もあり、これまた仕事に役立たず、妻からもっとも嫌がられるお菓子のおまけやフィギュアなどを集めていたりします。

流行《はや》りの検定も大好きで、認定書の数がちょっとした自慢です。

モテないゆえに身につけた雑学はいまやクイズ王級に。「すご〜い、そんなこと知りませんでした！」という驚嘆《きょうたん》が混じった言葉がなによりの好物の、にくめないじじいです。

うんちくはじめまして

今日からこの部署に配属されました
山野五郎です
ちなみにピカソのフルネームはパブロ・ディエゴ・ホセ・フランシスコ・デ・パウラ・ファン・ネポムセノ・マリア・デ・ロス・レメディオス・シプリアノ・デ・ラ・
サンティッシマ・トリニダッド・ルイス・イ・ピカソ父はじめ祖父など七人の名をすべて盛り込んでるんだけどまあ僕あ日本人なんで山野五郎です
ちなみに…
やっかいなの、キター!!

殺し文句は「教えてください！」

会社のデスクには所狭《ところせま》しとアニメキャラのフィギュアやスナック菓子のオマケが並び、暇さえあればありとあらゆる雑学をチェックし、ひとりほくそ笑む。

同僚と「昨日、人事の森岡と飲んでたら、くだを巻かれて困ったよ」と笑い話をしていると、突然割りこんできて、「くだを巻くのくだは機織《はたお》りで糸を紡《つむ》ぐ軸のことでね……」と聞いてもいない語源を語り出す。

頭の中は毒にも薬にもならないうんちくが今にもあふれ出そうなほどギッシリ。一度うんちくを語り出したらノンストップ、三度の飯よりうんちくをこよなく愛す。

これぞ名付けて「うんちくじじい」。

あなたの会社にも、思い当たるじじいがいるのではないでしょうか？

このじじいは隙《すき》あらばそのうんちくを「ひけらかしたい」と常にウズウズしているのですが、いかんせんクドいため、社内はおろか家族さえも聞く耳を持とうとしません。

そんなちょっぴり孤独なうんちくじじいの心にグッと響く言葉は、「教えてください」のひと言。教えを乞《こ》われることはつまり、知識がある人として認められたことになりますから、身内までもがそっぽを向き、少々自信をなくしているうんちくじじいにとって、そのひと言は神様からのありがたい御言葉《みことば》にも匹敵《ひってき》します。

いかにもうんちくじじいが好きそうなテーマを選び、真剣なまなざしで教えを乞うてみてください。

「教えてください」と聞くなり、うんちくじじいの瞳にあなたは「こんなオレを必要としてくれているかわいいヤツ」として映ります。もちろん好感度もグンとアップすること間違いなしです。

このとき注意したいのは、テーマの選び方です。いくらじじいの得意分野だからといって、自分がまったく興味がないテーマを選んでしまうと聞くのが苦痛、いえ拷問《ごうもん》になってしまうからです。

そうでなくともうんちくじじいは、「要するに」とひと言で終わる簡単な内容を、グダグダと回りくどく説明するのが大好きです。うっかり得意分野を選んでしまったら、さあ大変。魂が抜けるまでうんちくを聞かされ続けます。

ですので教えを乞う場合は、**自分が少しでも興味があるテーマを選ぶ**ことがポイントです。興味があるのとないのとでは、聞く姿勢にも差が出ますからね。

「そちは愛《う》いヤツじゃ」と思わせる技術

ストレートに教えを乞う技術が身についてきたら、**「まず否定してから教えを乞う」**という高等テクニックに挑戦してみましょう。

たとえば「僕、ハッキリ言って龍 馬《りょうま》なんて今までまったく興味がなくて、いえ、どっちかっていうと嫌いで、なんで皆が騒ぐかわからなかったんですよ。でも先日、山野《やまの》さんから龍馬の話を教えていただいて、俄然《がぜん》興味がわいて本まで買っちゃいました。龍馬のこと、もっと教えてください」という具合。

どうですか？　うんちくじじいが好きなテーマを一度否定することにより、あとの言葉がより一層、引き立ってきますよね。このとき、「山野さんによって人生が変わりました」のひと言でとどめを刺してもかまいません。

ひとりの人間の考え方、人生が、自分のうんちくによって大きく変わってしまう。これはうんちくじじいにとって至上《しじょう》の喜びであり、「オレはアイツの人生に多大な影響を与えた」という極上の優越感を味わわせてあげることができます。

同時に、「オレが変えちゃったんだから、なんとかしてやらなくちゃ」という優越感混じりの責任感も生まれ、なにかと面倒を見てくれるようになります。

そもそも男性は、なにかにつけ「開発」することが好きな生き物。恋愛においても同様で、自分によって恋人が開発され、身体と心が変わっていく様《さま》に大きな喜びを見出します。他者が自分の思う通りに変わることで征服欲が満たされ、自分の存在感と価値を再認識できるからです。

恋愛と仕事。ステージは違っても、「影響力のあるオレでいたい」と思う気持ちは一緒。そしてまた、**自分に影響を受け、変わってゆく人を「かわいい」と感じることも同じです。**

こうした心理を巧《たく》みに利用し、うんちくじじいを上手に手なづけましょう。

うんちくじじいに「そちは愛いヤツじゃのぅ」と思わせたらしめたもの。年中、うんちくを聞かされるハメにはなりますが、うんちくじじいの寵愛《ちょうあい》を一身に集めることができます。

「8の共感・2の質問」で、じじいの話を流す

うんちくじじいがお得意のうんちくを語る際、大概はもったいつけて結論をなかなか言わず、話を引っ張り、とことん長引かせようとします。普段、うんちくを聞いてくれる相手がいないので仕方ないとはいえ、お金にもならない話を長々と聞かされる方はたまったものではありませんよね。

そこで覚えておきたいのが「流し」のテクニックです。私はこの技術を実践によって会得《えとく》しました。

良き練習台となったのは、交際5年目になる私の相方《あいかた》。

自他共に認めるうんちくじじいで、読書魔でオタク気質《きしつ》なことも手伝ってか、「なんでそんなことを知ってるの?」と思ううんちくを呆《あき》れる、いえ、感心するほど知っています。

たとえば、「ドラえもんは床から3ミリ浮いて歩いている」とか、「ニューハーフという言葉を初めに使ったのは桑田佳祐《けいすけ》」という軽いものもあれば、「日本で初めて新婚旅行に行ったのは坂本龍馬」なんていう歴史的人物のうんちくもお得意。

彼は気に入った作家がいると絶版《ぜっぱん》になった作品まで読まないと気がすまないという、こちらがちょっと引いてしまうほどの凝《こ》り性《しょう》なところも、うんちくじじいの素質たっぷりです。

話すことも生業《なりわい》としているおしゃべりな私が、彼といると「へー」「うん」「そうなんだ〜」の3つの言葉をくり返し発するだけで、私自身の話をすることはほとんどないと聞けば、そのスーパーうんちくじじいっぷりをわかっていただけるのではないでしょうか。

もし自分の話をしたとしても、すぐに彼の話に置き換えられてしまうため（このあたりは、すでに説明した「オレオレじじい」の要素もあります）、「ま、いっか」となかばあきらめてしまうせいか、年々うんちくじじいっぷりに拍車《はくしゃ》がかかっているようにも思えます。

しかし、いくら愛をもってしても、一方的にうんちくを聞かされ続けるのは正直ツライものがあります。そこで自然と身についたのが、「**8の共感・2の質問**」による、うんちくを流すテクニックです。

　これを体得したことで、ストレスを感じることなく、うんちくを楽しく聞くことができ、かつ相手に気持ちよく語ってもらえるようになりました。その秘訣《ひけつ》をご披露《ひろう》いたしましょう。

　うんちくじじいは基本的に「うん、うん」と共感してもらいたがっています。しかし、相手もけっしてバカではありません。あまりにも共感されっぱなしでは、「コイツ、本当にオレの話を聞いているのか？」と一抹《いちまつ》の不安を抱きます。

　また、共感する際、「わかります」を多用する人がいるのですが、気の置けない友人ならともかく、うんちくじじいに対して使うのはあまりおすすめしません。特に、つきあいの浅いじじいですと、共感どころか、「オレのことをよく知らないクセに、なにをわかってるんだよ」と反対に怒りを買うこともあるからです。

　そこで必要となるのは「質問」です。

　うんちくを聞いているなかで、「これぞポイント」と思う箇所があったら、「それってどういうことかもっと詳しく教えていただけますか？」と質問することで、相手に対して「あなたの話を聞いていますよ」というシグナルを送ることができるのです。

割合は、共感を8割としたら質問は2割程度（じじいによって微調整してくださいね）。ただし、質問があまりに多すぎると何度も話の腰を折ってしまい、機嫌を損ねてしまうだけでなく話が永遠に終わらないので、ほどほどにとどめておくのが賢明《けんめい》です。

質問ポイントの見つけ方ですが、そうむずかしくありません。人は興味がある話題になると自然と声が大きくなったり、顔が紅潮《こうちょう》したりします。また、会話のなかでくり返し出る話題があったら、それも外せないポイントです。

「流し」といっても、完全に流してしまってはお話になりません。相手に興味を持ち、キチンと観察することもお忘れなく。

質問に「私」という主語をつける

質問の仕方にも、ちょっとしたコツがあります。

ラジオの番組で8年間、気難しいとされる競艇《きょうてい》選手のインタビューを担当していたフリーアナウンサーの景山《かげやま》聖子さんは、「**質問の際、『なぜ?』を単独で使うのは厳禁**」と言います。

それは、相手が答えたことに対して「なぜ？」と矢継《やつ》ぎ早《ばや》に聞いてしまうと、追い詰めてしまうだけでなく、答えを探すことで頭がいっぱいになり、話す気力がなくなってしまうからだとか。

もちろん、そうした物言いが好きなじじいもいますが、基本的にうんちくじじいは詰《きっ》問《もん》口調をあまり好みません。

景山さんによると、「質問を投げかける際は、『それって私はこう思うんですけど、間違っていますか？』『私はこう感じたんですが、本当のところはどうなんでしょう？』という具合に、**自分を主とした形で質問してあげると、安堵《あんど》して気持ちよく話してくれる**」のだそう。

たしかに、「私」という主語をつけるとやわらかな印象になって、緊張感も溶《と》け、「この人にはもっと話したい」という気になってきますよね。

また、共感と質問に加え、気持ちよくうんちくを語ってもらうには、**「話を要約する」ことも必要不可欠。**うんちくがひと通り終わったあと、うんちくじじいの話を「それってこういうことだと私は理解していますが、合ってますか?」と要約してあげると、「人の話を聞いたうえで自分なりに消化できる賢い部下」と思われ、さらには「オレの話をキチンと理解してくれたんだな」と感心もしてもらえます。

このとき、間違っても結論だけをズバッとひと言で言い切ってはいけません。うんちくじじい自身も心のどこかで話が長いことを気にしているため、簡潔に要約されすぎてしまうと、「オレをバカにしてるのか?」と誤解してしまうことがあるからです。

要約する際は、必ず「私」という主語を入れ、疑問形で投げかけ、最終判断を下《くだ》す役目をうんちくじじいに託《たく》すよう心がけてください。

これで、「上司を立てる、気のきいた部下」のイメージはついたも同然です。

「知らないフリ」で優越感を味わわせてあげる

うんちくじじいは人にうんちくを語る際、相手が無知であることを前提に話します。

特に、自分が得意分野とする内容については、「フフッ、これを聞いて驚くなよ」と心のなかでほくそ笑んだりしているものです。

しかしごくたまに、こちらも知っている知識だったりすることがあります。そんなとき、喉元《のどもと》まで「そんなこと知ってますよ」という言葉が出てくると思いますが、思い切り飲みこんでください。

うんちくじじいにとって、うんちくは印籠《いんろう》同然。ドラマ『水戸黄門』では印籠を出すのは格《かく》さんのお仕事ですが、うんちくじじいは自分で出さないと気がすみません。たとえ知っている内容だとしても、「え〜、知りませんでした〜」とちょっとおおげさに驚いてあげましょう。

そう、「知らないフリ」をするのです。

実はこの方法、私が女性週刊誌の記者時代によく使っていました。

私が連載を担当していた某大物俳優Kさんは、まさに絵に描いたようなうんちくじじいで、撮影時も四六時中うんちくを語ってくれました。

食事をご一緒していると、「ごぼうを食材として食べるのは日本くらいなもの」とか、雑談でインスタント食品の話が出れば、「インスタントラーメンの元祖はチキンラーメンだって知ってるか？」という具合に、次から次へとうんちくが飛び出します。

頭脳明晰《めいせき》な方でしたので、その8割近くは知らないうんちくでしたが、ごく稀《まれ》に私が知っているうんちくもありました。

しかし、どんなときでも「知っています」という言葉は言わず、常に初めて聞くような態度で彼のうんちくを聞いていました。

「プライドを傷つけたくない」という気持ちがいちばんでしたが、「自分が知っている知識だとしても、もしかしたらまだ知らないこともあるかもしれない」と思っていたから素直に聞けたのでしょう。

自分に役立つ知識や情報を得ようとする貪欲《どんよく》さをもってすれば、「知らないフリ」は苦痛どころか楽しみに変わるのだと、某大物俳優によって教えていただいたような気がします。

「知らないフリ」というと、バカにしているようで非常に聞こえが悪いかもしれませんね。しかしこれは、コミュニケーションを円滑《えんかつ》にするにあたり、必要なことでもあるのです。

「それ知ってます」と言ってしまうと会話が遮断《しゃだん》され、そこから先の会話のキャッチボールがしにくくなってしまいます。もし私がそう言われたら、「思いやりに欠けるヤツだな」と思い切り不機嫌な顔をしてしまうでしょう。

少し話はそれるかもしれませんが、高齢者は何度も同じ話をすることが多々あります。長年社会と断絶された状況に置かれた方はそれが顕著《けんちょ》で、同じ話を定期的に、さも初めて聞かせるかのように話したりします。

私もさまざまなシーンで体験していますが、けっして「その話、聞いたことあります」とは言わないようにしています。言われた本人も嫌な気がするでしょうし、**会話がストップしてしまっては、その人を深く理解することができませんからね。**

高齢者の場合は話をたびたび遮断されてしまうと自信がなくなってしまい、引きこもってしまうこともあるようです。人によっては、それがきっかけで痴呆《ちほう》の症状が出たりすることもあるというのですから、軽視はできません。

さすがにうんちくじじいは引きこもったりすることはないにしても、心ないひと言によってプライドが傷つくのは同じこと。うんちくを聞くのはホンの一瞬です。慈悲《じひ》の心と優しさをもって、耳を傾けてあげることが大切です。

「知らないフリ」のさじ加減

しかし、「知らないフリ」にも限界があります。

こちらとて生身の人間ですから、張り子の赤《あか》べこのようにいつまでも首を振っているワケにはいきません。時間がなく、話を先に進めたいときは「その話なら耳にタコができるくらい聞いてんだよ」と心のなかに住むもうひとりの自分がささやくと思いますが、それを口にしたら最後。まずは笑って、ジッとガマンです。

では、同じうんちくを何度も聞かされたときの対処は、どうしたらよいのでしょう? 多摩大学教授の樋口《ひぐち》裕一氏は、『自慢がうまい人ほど成功する』（PHP新書）のなかで、こんなふうに語っています。

「あ、その話は私たちはすでに何度かお聞きしましたので、よく存じているんですが、とてもためになる話でしたので、ぜひ、もう一度お聞かせください。新人はまだ聞いたことがありませんので、勉強になると思います」と言えばいい。

あるいは、話が終わったあと、「私たちはこのお話を何度も聞いてきましたが、何度聞いてもためになります」と言えばいい。そのように言うと、さすがに話すほうも、同じ自慢話をしてきたことに気づくだろう。


これは同じ自慢話をする上司への対処法ですが、うんちくじじいにも十分に応用できるテクニックですよね。プライドを傷つけることなく、同じ話を聞いていることを明確に上司に伝えたうえで褒《ほ》める。

経験値がないとなかなかできないテクニックですが、覚えておくといざというときに便利です。

そうそう、うんちくじじいが喜ぶからといって、なんでもかんでも「知らないフリ」をすればいいというものではありません。**明らかに自分のほうが長《た》けていると思う分野においては逆効果。**私の場合ですと日本酒や焼酎《しょうちゅう》がそれに当たるのですが、かつて「知らないフリ」をして痛い目にあったことがあります。

自称酒通のうんちくじじいが酒席で「日本酒は日本酒度がプラスになるほど辛口《からくち》になる」とか「ぬる燗《かん》っていうのは40度前後を指す」などと、日本酒についてのうんちくをあれこれ話してくれたのですが、あまりに気分がよさそうだったので、私は自分がきき酒師の資格を持っていることを言えなくなってしまったのです。

「ふん、ふん」といかにも興味深そうに知らないフリをしていたところ、たまたま雑誌で私の顔を見たスタッフの方が、「きき酒師の葉石かおりさんですよね?」とわざわざ席にあいさつに来てくれました。

その瞬間、場は凍《こお》りつき、うんちくじじいは「釈迦《しゃか》に説法《せっぽう》だったな」と吐《は》き捨てるように言いました。その後は針《はり》のむしろ。話が弾むことはなく、そのじじいからの連絡も途絶えてしまいました……。

若気《わかげ》の至《いた》りとはいえ、テクニックに走り、嫌な思いをさせてしまったものです。「知らないフリ」のさじ加減は慎重になさってくださいね。

甘え上手は仕事上手

これはうんちくじじい以外にも言えることですが、世のじじいの多くは、やたらと先輩風を吹かしたがります。その行動の裏には、「オレを構ってほしい」という切《せつ》なる思いが秘められているのでしょう。

え？　うっとうしいですか？

そう思うのは、まだまだ修業が足りていないという証拠。いい年して「構ってほしい」なんてかわいいじゃないですか。こういうときは、構ってあげつつ、**「オレがコイツの面倒を見てやってる」と思わせたもの勝ちなのです。**

じじいは基本的に面倒見がいいので、自分になついているとわかるやいなや、なにかと世話を焼いてくれるようになります。

そこで必要となるのが、「甘え上手」の技術。

「甘え」というと媚《こ》びることを想像し、拒否反応を示す方がいますが、媚びと甘えは別物です。媚びは自分を殺して相手の機嫌をとるために媚びへつらうことであり、甘えは自分をきちんと持ったうえで相手の知恵や力を借りること。

「甘え」はけっして悪いものではないのです。

しかし、相手はあくまでも上司ですから、ただ甘えればいいというものではありません。職場で好まれる甘えと、敬遠される甘えがあることをまず覚えておきましょう。

ここでは「甘え」を3タイプに分類してみました。

①〈無能型〉「お前、何も考えてないな」的甘え

社会人として身につけておかなくてはならない一般常識や、小学生でもわかりそうなごく簡単な漢字の意味など、明らかに自分で判断できそうなことをやたらと聞くのは、「甘え」ではなくただの「迷惑」です。

本人は甘えているつもりで聞いていても、こうしたことが何度もくり返されると、社会人としての資質を問われるばかりか、オツムを疑われるので注意しましょう。

②〈自爆型〉「もうカンベンしてくれよ」的甘え

これは職場においてもっとも嫌がられる「甘え」です。デキるところを見せようとす

るあまり、頼まれた仕事をなんでもかんでも受けてしまい、期日ギリギリになって「やっぱりできません……」というもの。

こういう「甘え」は、「だったらもっと早く言えよ！」と怒鳴られるのが関《せき》の山《やま》。なによりも周囲に迷惑ですし、「自分のキャパもわからないダメなヤツ」と烙印《らくいん》を押されてしまうので、できないと思ったことは最初の段階で断る勇気を持ちましょう。

③〈**相談型**〉「なかなかデキるヤツじゃん」的甘え

自分でも十中八九結論が決まっているけど、やっぱり経験豊かな上司の助言が欲しい。そんなときこそ、**相談という形の「甘え」を大いに使いましょう。**

神妙な顔をして「あの山野さん、仕事のことでちょっとご相談があるんですけど……」とか、「僕、自分の判断が本当にいいのか悩んでいまして、経験豊富な山野さんからアドバイスをいただきたいんですが……」などと言われると、じじいは小躍《こおど》りしたくなるほど嬉しくてたまりません。

相談を持ちかけられるということは、頼りにされていること。部下から頼りにされて嫌な気分になる上司はまずいません。

答えを問う場合ですが、「僕をはじめ同僚や部下もこれが最良の答えだと思っているんですが、山野さんはどう思われますか?」という具合に、**「自分も周囲も同意見」であることをさりげなく主張しておきましょう。**

大多数の賛成意見が得られていると、反対意見はなかなか言えるものではありません。相談したのはいいけど、うっかり反対意見でも返ってきたら大変ですから、事前の地固めをしっかりとしておくことをおすすめします。


……と、今でこそこんなエラそうなことを言っている私ですが、かつては極度の甘えベタでした。

上司に甘えている人を見ると、「けっ、負け犬が尻尾を振りやがって」と毒を吐いていたものです。

上司に対する尊敬の念がゼロに近かったこともあり(これもまた最低ですね)、「バカなヤツに媚びるなんてまっぴら」と意固地《いこじ》になっていました。上司からすればプライドばかりが高く、言うことを聞かない扱いにくい部下だったに違いありません。

上司とて人間ですから、そんな部下より自分になつく部下をかわいがるに決まっています。

当然のごとく、おいしい仕事はすべて甘え上手な人に流れていきました。そんな状態になってもなお、私は上司に甘えることができませんでした。意地ばかりが先だってしまい、一度抜いてしまった刀を戻す鞘《さや》を見失ってしまったのです。

これはもう「幼い」のひと言ですね。「はじめに」でも触れましたが、結局、私は上司に甘えるどころか、逆《さか》らうことしかできず、挙句の果てには編集部内で言い合いをし、クビ同然で辞めざるを得なくなってしまったのです。

しかし、その失敗によって「甘え」の必要性を強く認識しました。

甘えることは、相手に対し、「あなたのことを心から信用していますよ」という証《あかし》でもあります。

犬でいえば「キュ〜ン」と甘えた声で鳴き、コロンとひっくり返ってお腹《なか》を見せた状態を指します。いつまで経っても尻尾を隠し、歯と敵意を丸出しにしている犬より、自分にすり寄ってくる犬のほうがかわいいでしょう？　人間もまた同じことです。

職場において、和を乱す意地っ張りな部下は迷惑千万《せんばん》。頑《かたく》なになればなるほど損をするばかりです。甘えるといっても魂を売り渡すワケではないのですから、心と頭をホンの少しだけやわらかくして、「甘え」を上手に活用しましょう。


うんちくじじいは、実は「情報の宝庫」


さて、うんちくじじいに話を戻すと、おもしろくもないうんちくを長々と聞かされたり、ときに知っていることなのに知らないフリをしなくちゃならない彼らは、扱い方が少々面倒です。

特に、社会経験の浅い若い世代は、「できることならつきあいたくない」と思う人がほとんどなのではないでしょうか？

たしかに、うんちくじじいが語る多くはどうでもいいことで、仕事に役立つことはそうそうありません。しかし、まったく役に立たないかといったら、それは大きな間違いです。

本、テレビ、ウェブなど、あらゆるメディアから収集したネタを持つうんちくじじいは、歩く検索サイトのようなもの。うんちくじじいから仕入れたうんちくは自分自身もネタとして使えるのですから、利用しない手はありません。

特に、コミュニケーション能力、会話力に自信がない人ほど、いくつかのうんちくを持ちネタとしてキープしておくと、酒席などにおいて、話のきっかけをつかむことができます。特につきあいの浅い人には、**ちょっとしたうんちくが距離を近づける突破口になったりするものです。**

うんちくはマニアックで小難しいものではなく、誰もが「へ〜」と感心できる程度のごくごく軽いものにしてください。

たとえば「ヤフーの名前の由来はガリバー旅行記からきている」や「実はタラちゃんには、ひとでちゃんという弟がいた」という小ネタの他、「畳にインクをこぼしたときは塩をふるといい」なんていう生活に役立つネタも喜ばれそう。

こういったうんちくは、酒席がイマイチ盛り上がらないときなどに「ねえ、ねえ知ってる?」と切り出すと効果的です。大概の人は「へ〜」と感心し、そこから一気に会話が弾みます。

話が盛り上がったと思ったら、うんちくはそこまで。調子に乗って、うんちくをどんどん披露してしまうと、自分もうんちくじじいと化してしまいますので、くれぐれも注意しましょう。


そもそも、うんちくは迷惑なものどころか、本来は耳を傾けるべきものだったんですよね。『広辞苑』を引くと「①物を十分にたくわえること。②知識を深く積み貯えてあること。また、その知識」とあります。

いつの頃からか雑学とゴッチャになり、オタク的な要素が加わったことで、「うんちくは聞かされてうっとうしいもの」に変化してしまったようです。

念仏のように一方的にうんちくを聞かされるのはたしかにしんどいですが、**エッセンス的に使えば立派なコミュニケーションツールにもなります。**特に、昨今の若い世代には、このうんちくによるコミュニケーションを強くおすすめします。

彼らはパソコンやケータイでのコミュニケーションは得意でも、リアルな会話が苦手な人がほとんど。そうした人に共通しているのは「会話のきっかけをつかむのがヘタ」だということです。

ちょっとしたうんちくさえ知っていれば、話のきっかけなんていくらでもつかめますし、スムーズな会話も夢ではありません。

そう考えると、うざったいと思っていたうんちくじじいも、「うんちくオーソリティ」として尊敬の念を抱けるようになってきませんか？

ものは考えよう、うんちくじじいは使いようなのです。

うんちくそじじい

山田さんまたフィギュアいじってるよ…
あ〜頭いたい…
薬のも…
頭痛薬とかにある服薬用法の成人（十五歳以上）には体重50キログラム以下の人は含まれない
でも
君は大丈夫そうだね！！
くそじじい！

第三章 「肉食じじい」リテラシー

自分はまだまだイケてると思っている
バブルをいまだ引きずっている
マユちゃん今日飲み行っちゃう～？
ユミちゃんも～♡
三度の飯より女性が好き
人並み外れたバイタリティがあり、出世欲が強い
若さへの執着が強い

【肉食じじい】バブル時代にもっとも恩恵《おんけい》を受けた世代に多いじじいです。未曾有《みぞう》の不況の今もバブルを引きずっており、いつかまたおいしい目にあうと信じて疑いません。

日々迫りくる自分の老いを認めず、やたら若さに執着します。ぽっこり出てきたお腹が気になりつつも、努力するのは苦手なので、夜中のテレビ通販で最新の腹筋マシンをひそかに購入したりしています。しかし、継続力に欠けるため、思った効果が得られていないのが現状です。

それでも「自分はまだまだイケてる」と思い込んでいます。過去の自分（毛があって、痩《や》せていた頃）の姿が忘れられず、いまだ20代の頃の免許証を持ち歩き、何かにつけて見せたがります。

自他共に認める女好きで、男に厳しく女に優しい。しかしどこかで「男子たるもの」という古い考え方が抜けきれず、「女なんてかわいけりゃいいんだよ」と差別的な言葉を酒の席などでしばしば発し、女性社員から侮蔑《ぶべつ》のまなざしを向けられることも。
とはいえ、基本的にはおもしろがりの楽天家なので、味方につけると素晴らしい援護射撃をしてくれます。

肉食だもの

おっ♡今日の飲みは両手に花だなコリャ
肉山部長、お隣よろしいですか？
イヤ
草食男子は向こうでワラでも食ってろーー!!
ここはオレのナワバリだ
ギビシー!!

女に優しく、男に厳しい

出張土産《みやげ》は女性にしか買ってこない。

ミスをおかしたとき、男性には烈火《れっか》のごとく怒るのに、女性には「つぎから気をつけろよ」のひと言で終わらせてしまう。

飲みに行くのも、男性は大概ワリカン、女性はおごり。

自分の周囲にはいつも好みのタイプの女性社員をはべらせ、自らも「オレは女好きなんだよ」と言ってはばからない。

バブル時代においしい思いをしちゃったもんだから、いまだ当時のクセを引きずっていて、金と権力さえあればどんな女もなびくし、果ては人の心さえも動かせると信じている。

ハッキリ言えば男の敵。それが「肉食じじい」です。

昨今、不況が長引いているせいか、こうした元気なじじいは絶滅危惧種《きぐしゅ》に認定されつつありますが、バブル時代にはどの会社にもいたものです。

私のかつての職場にも、もちろん生息《せいそく》していました。女性と男性では声のトーンまで違って、特に好みのタイプの女性に対しては「どうやったらそんな甘い声が出るの?」と思うほどのネコなで声を出していたっけ……。

男性、特に要領の悪い男性には厳しくて、イジメと惑《まど》うくらいのイジワルな対応で、なかにはノイローゼになって退職しちゃった人もいたほど。

女性の間ではすこぶる評判が良かったけど、男性からは激しく嫌われていて、飲み会となるとそのじじいの悪口でもちきり。

みんな、陰《かげ》では思いっきり呼び捨てにしていましたね(笑)。

こういった肉食じじいに対しては、ほとんどの男性が拒否反応を示し、「あんなエロじじいに屈するもんか」と反発心をむき出しにするのですが、それはちょっと幼いというもの。

「ふざけんなよ、このエロじじい」と言いたくなるのをグッと堪《こら》え、まずは某ファストフード店の店員を真似て「作り笑顔」。怒りで煮えたぎる胸の内をきれいさっぱり包み隠してください。

できましたか?

そう、それでいいのです。そのガマンこそが、先の幸せをつくるのですから。
肉食じじいは、他のじじいと比べて男女の対応に差があるので、ここではまず男女別の「肉食じじいリテラシー」を伝授《でんじゅ》していきましょう。

【男性編①】仕事上では「女房役」を買って出る

前述したように、肉食じじいは「女に優しく、男に厳しい」が基本スタイルです。ですので、男気《おとこぎ》を前面に出してしまうと、それだけでうとまれてしまう可能性があります。ではどうすればいいのかといえば、答えは超カンタン。肉食じじいは無類《むるい》の「女好き」なのですから、女性ならではの要領の良さを取り入れたリテラシーで攻めればいいのです。

ここでは私のよく知る肉食じじいを例に、ひとつ目のリテラシーを伝授します。

そのじじいはやたらと怒鳴る上司でした。彼が顔を真っ赤にしてよく怒っていたのは、思いつきで企画を上げる黒川君（仮名）。企画の不備をあげつらね、罵倒《ばとう》した挙句、以後はその企画を出した黒川君を目の敵《かたき》にするようになりました。

たしかにツッコミどころ満載の企画ではありましたが、誰かがちょっと整理すれば十分に成立する内容。それなのになぜ、じじいはそんなに怒ったのでしょう？

よくよく考えてみると、じじい自身が黒川君同様、思いつきで仕事をする人で、それを整理してまとめるのは常に部下の役目でした。じじいからしてみれば、部下は自分の仕事をサポートする女房のようなもの。たぶんそのじじいは、「部下のぶんざいで、いっちょまえに企画なんぞ上げやがって」と思ったのでしょう。

肉食じじいにとって、**女房役にならない男性部下は鬱陶《うっとう》しいだけなのです。**

こうした例をとってみてわかるように、肉食じじいは男性の部下に対しても女房の役割を求めます。

妻の主な仕事といえば、掃除《そうじ》をはじめとする整理整頓《せいとん》ですよね。**じじいが職場でいちばん求めているのもまた、整理整頓能力なのです。**

たとえば、企画書作りなんていうのもそれに当たります。肉食じじいはアイデアが豊富で弁《べん》も立ちますが、いざその内容を企画書にするとなると、パソコンスキルがないこともあってか、てんでダメ。

そこで、じじいが思いつきで言った言葉を拾い集めて整理し、見目《みめ》の良い企画書を作って渡してあげれば、喜ぶこと間違いなしです。

このときに注意したいのが、「自分の手柄《てがら》にしない」ということ。じじいを立て、じじいの功績として褒《ほ》めたたえる。肉食じじいは、そんなデキた女房の鏡のような部下を必要としているのです。

【男性編②】要領の良さをアピールする

デキた女房の共通項といえば、**「空気を読む力がある」**こと。夫の顔色や機嫌をうかがいつつ、その反応を見ながら、夫の感情を乱すことなく、仕事に没頭させてあげるのが良妻《りょうさい》としての手腕の見せどころでもあります。

こうした要領の良さは、部下としても十分に見習いたい部分ですよね。

肉食じじいの特徴のひとつに「出世欲が強い」というのがあります。

頭部がはげ散らかしていようと、ベルトにお腹が乗っかろうと、衰《おとろ》える肉体とは相反《あいはん》し、肉食じじいの出世欲は入社した当時のまま。いえ、脂《あぶら》ぎったぶん、出世欲はさらにギラギラ度を増していると言ってもいいでしょう。

ですので、出世の邪魔になる男性部下を徹底的に嫌います。

具体的に言えば、要領が悪くて、じじいの足を引っ張る部下のこと。

こういう部下がひとりでもいると自分の評判が下がり、出世に響くと思い込んでいるため、何かとつらく当たります。

「要領が悪い」と言われる人は、往々《おうおう》にして空気が読めません。誰が見てもじじいがイライラしているときや、忙しさのピーク時にハンコをもらいに行き、じじいの怒りを買っています。

女性週刊誌の記者時代、じじいに年中雷を落とされていた川崎君（仮名）がまさにこのタイプ。真面目で裏表のない良い人なのに、その部分がネックとなり、じじいからは目の敵にされていました。

一方、川崎君と同じ行動をしても怒られることなく、田村君（仮名）はじじいと談笑しながら大きな企画をスルッと通していました。

ふたりの差はたったひとつだけ。**自分の都合で行動するか、しないかです。**

川崎君の場合、何かを思いつくといてもたってもいられず、じじいの都合はおかまいなしにズカズカと企画を持参。田村君はというと、自分の都合はさておき、じじいが忙しくないときを見計《みはか》らい、相談するようなかたちで企画を持ち込んでいました。

「空気を読める人」とはまさに田村君のような人で、自分よりもまず相手の都合を優先できる人が出世するんだなあと実感したものです。

上司といっても仏様ではないのですから、忙しいときに自分の都合だけで物事を押しつけられたら腹が立つに決まっています。腹が立つ理由は企画どうこうよりも、人の状況を思いやることができない配慮《はいりょ》のなさなのです。

もし、「同じことをしているのにアイツばかりがなぜ……」と思うようなことがあったら、自分の行動をいま一度振り返ってみるといいでしょう。

もうひとつ忘れてはならないのが、「**言われる前にやる**」こと。

じじいが何を求めているかを察知し、先回りして動くことを心がけてください。経験不足でじじいが何を求めているかがわからない方は、素直に「つぎはどうしたらよろしいですか?」と聞いてもかまいません。言われるまでただぼんやりと指示を待っているより、ずっとイメージが良いはずです。

【男性編③】面倒でも「義理」を大事にする

これもまた、女性のマメさに倣《なら》うリテラシーのひとつ。

ノリが軽く、今っぽい雰囲気の肉食じじいですが、年功序列社会でもまれてきたからか、意外に昔堅気《むかしかたぎ》な一面があって、義理がたい部下を好みます。

たとえば、じじいに仕事関連に役立つ人を紹介してもらったとしましょう。このとき、「ありがとうございます」と言うのはごくあたりまえ。

肉食じじいを感心させるには、

「来週、清水さんとお会いすることになりました」

↓「先日、肉山《にくやま》さんが紹介してくださった清水さんとお会いすることができました」
↓「肉山さんのおかげで清水さんとうまく話がまとまりました。本当にありがとうございました」

というように、**経過報告を逐一《ちくいち》することが重要です。**

私自身も人や仕事を紹介することがよくありますが、「ありがとう」と言ったきり、その後うんともすんとも言ってこない人には二度と紹介しません。キチンとプロセスを報告することによってその人を立てることになり、「義理立てしてますよ」というサインを相手に送れるのです。

これをするのとしないのとでは格段に好感度が変わります。多少面倒であっても、報告だけはマメにしてくださいね。

義理といえば、順序立てて物事を運ぶことも非常に大事です。

たとえば、**課長であるじじいを通り越して、先に部長に仕事の相談するなんてことは**

もってのほか。「部長に話をしたほうが早い」と思っても、まずは課長であるじじいに相談を持ちかけましょう。

気をつけたいのは、酒や食事をごちそうになったときです。

「ごちそうになったから自分も同等の値段のものをごちそうする」というのは僭越《せんえつ》です。肉食じじいは見栄《みえ》を張りたいのですから、「おごってやる」と言われたらまずは素直に好意を受けておきましょう。

同等のもので義理を返そうとせず、たとえばじじいの妻や娘にスイーツを買って感謝の言葉とともに渡すほうが部下らしいですし、ずっとスマートです。

こうした義理を欠くとヘソを曲げて、「アイツ、いつか潰してやる……」と恨みを買うことになりかねません。こうなると一生浮かばれなくなるので注意しましょう。

親や教師をちゃん付けで呼んだりと、上下関係が希薄《きはく》な社会で育った若い世代からすれば、「ちっ、ケツの穴の小さい野郎だぜ」「義理とかめんどくせえ」と顔をしかめたくなることでしょう。

でもね、それがじじいというものなんです。

まあとにかく、男性にとっては面倒なじじいであることは間違いありません。

しかし、面倒だからと避けてばかりいては、何も発展しませんよね。義理がたく要領の良い女房のような部下は、肉食じじいに限らず、どのじじいからも重宝《ちょうほう》され、確実に出世コースを歩むことができます。

若い世代にとっては苦行《くぎょう》かもしれませんが、先の明るい未来のためにも、ここでしっかりとじじいにかわいがられる方法をマスターしてくださいね。

【女性編①】女を前面に出さない

さて、つぎは女性編です。

「女に甘いじじいなんて、イチコロでしょ」

肉食じじいの特性を読んで、こう思った女性は少なくないはずです。

そう、たしかに肉食じじいは自他共に認める女好きですが、だからといってナメてかかってはいけません。

「女好きだから、女を武器にする」というのは、あまりにも短絡的です。

夜の世界ならまだしも、じじいと接するのはあくまでもクリーンなオフィスですから、艶《つや》っぽいオーラを持ち込むのはご法度《はっと》です。

露出度の高い服を着て色香《いろか》をふりまけば、そりゃあじじいは喜びます。鼻の下を床につくほど伸ばし、何かと目にかけてくれることでしょう。

けれども、肝心《かんじん》の仕事といったらからっきしで、重要ポジションに選ばれるのは地味で目立たない人ばかり。意外かもしれませんが、肉食じじいにとって女を前面に出した色気ムンムンの女性部下は側室《そくしつ》的な存在なのです。そばに置いておくぶんにはいいけれど、正室《せいしつ》のように公的な扱いをするには力不足だと思っています。

また、メスの匂《にお》い全開の女性を仕事上で贔屓《ひいき》にすると、他の女性社員からの評判が落ちることをじじいは怖れています。

実績が伴っていれば話は別ですが、何の経験もない人が色気を武器にじじいに近づくと、大概が側室止まりという残念な結果に終わるのです。

女好きのエロじじいとて、アホでは上司は務まりません。経験豊かなじじいは、底の浅さやいやしい魂胆《こんたん》をすぐに見抜きます。

女の部分は小出しにして、まずはいかに仕事ができるかをアピールすることに重点を置いてください。

側室から正室へステップアップするには、高度な頭脳プレーが要求されます。女として美しさや色気を追求するのは大賛成ですが、オフィスで要求されるのは「知性」だということを心にとどめておきましょうね。

【女性編②】「できます!」と言い切る

バブル時代を知る肉食じじいにとって、女性はアクセサリーに近い存在。ときおり吐《は》く「女なんて、若くてかわいけりゃいいんだよ」という暴言が、そのことを深く物語っています。

しかし、バブルが遠い昔になり、女性の活躍する場が増えた今、「自分の考えは過去のもの」だということを、じじいも十分に理解しています。

でも、実際に肉食じじいが仕事で重要な役割を与えるのは、ほとんど男性。それはなぜでしょう?

実は、女性側の言動に問題があることが多いのです。

せっかく褒めてもらっているのに「私なんて……」と謙遜《けんそん》してしまったり、やりたいと思うこと、得意とすることをキチンと伝えなかったりと、強くなったとはいえ、日本の女性はまだまだ消極的です。

こうした、いかにも「かわいい女の子的要素」に触れると、バブル時代に横行《おうこう》した「玉の輿《こし》」や「腰掛け就職」といった言葉が脳裏をよぎり、肉食じじいは「やっぱり女には仕事を任せられない」と思ってしまうのです。

仕事のパートナーとして選ばれるためには、そうした「かわいい女の子的要素」を奥へと封じ込め、自分の意思をしっかりと主張できる凛々《りり》しさが必要となります。

仕事を振られたときは、**多少自信がなくても「できます!」ときっぱり言い切る強さを持ってください。**

肉食じじいは、何かを指示するときは「できてあたりまえ」ということを前提にしています。受けるほうからしてみれば、「そんなのできるワケないじゃん」と言いたいところですが、いまだイケイケの肉食じじいからしてみると「無理でもなんとかしろ」「オレができたからオマエにもできるはずだ」ということなのです。

しかしそこで「できません」と言ってしまってはつぎがありません。「絶対に無理」だと思うことでも、まずは「わかりました。やってみます」と受けてください。**じじいはそのひと言で安心するのです。**

その後、「ご期待に添《そ》えないかもしれませんが、自分なりに動いてみます」とエクスキューズを入れておけば、結果はどうあれ、じじいはそれなりに納得してくれます。

ただし、本当に「自分なりに動く」ことを怠《おこた》ってはいけません。最初からダメだとわかっていることだとしても、とにかく動きましょう。

じじいが欲しいのは結果ではなく、あなた自身がいい結果を得るためにどれだけ努力して動いたかというプロセスなのです。

また、自分なりに動いたあと、じじいが希望するかたちにならなかった場合ですが、「ダメでした」とただ報告するのではなく、**「A案はダメだったけど、B案ならいかがで**

しょう?」という代案を提案できるようにしておくこと。

自分が提案したことに近いかたちで望みが実現するとなれば、100%ではないにしてもじじいはそれなりに満足してくれます。

ここまでやれば、「女のクセになかなか骨があるな」と感心され、一目置《いちもく》かれること間違いなしです。

以上、女性独自のリテラシーに関しては、このふたつに集約されると言ってもいいでしょう。

女好きの肉食じじいは、女性であるあなたのことを何かとかわいがってくれますが、悲しいかなそれは「若さ」があるうちのこと。自分よりも若く美しい社員が入ってきたら、アイドル役は瞬時に変わり、お役目御免《ごめん》に……。

年をくっただけの古いアイドルほどみじめなものはありません。

女好きの肉食じじい相手だからこそ、女を武器にせず、知性と実力で勝負する。とってつけたものではない、芯《しん》からにじみ出る「オンナ」の強さと美しさにこそ、肉食じじいはグッとくるもの。

これこそが、年齢を重ねてもなお仕事のパートナーとして必要とされ続ける秘訣《ひけつ》なのです。

肉食じじいは「VIP待遇」がお好き

さて、これまでは男女別にご紹介してきましたが、ここからは男女共通の対処法を挙げていきましょう。

女に次《つ》ぎ、肉食じじぃが好むもの。**それは「VIP待遇」です。**

これは肉食じじいに限らず、ほとんどのじじいに共通することですが、「あなたは選ばれた特別な人」というVIP待遇を受けると、大抵のじじいは骨抜きになります。

こうしたことは、じじいの行動パターンから見てもわかります。じじいはカラオケとなると、カラオケボックスではなくスナックを選ぶ人が圧倒的に多いですよね。

どうしてだかわかりますか？

スナックにはキレイで気の回るおネエちゃんがいて、歌いたい曲を告げれば選曲してくれます。音の大きさや声のキーだって言わずとも合わせてくれるし、操作が面倒なリモコンをいじることも一切ありません。

さらには、タバコをくわえればサッと火がつくし、お酒もグラスが空《から》になる前に足されてるしと、スナックに行けばいたれりつくせりの「プチ殿様気分」が存分に味わえる——じじいにはこれがたまらないのです。

VIP待遇といっても、大層なことをしろと言っているのではありません。**じじいが「わずらわしい」と思うことを片っ端からしてあげればいいのです。**

たとえば「タクシーはじじいが手を上げる前にとめる」なんていうのもこれに当たりますよね。しかし、肉食じじいはこれだけでは満足しません。ドアが開いたらサッと身を引き、「肉山さん、どうぞ」と言って上席である後部座席の奥にじじいを座らせてあげましょう。

会議の際、ホワイトボードがいっぱいになる前に消す、一次会が終わる前に二次会の店を電話で予約しておく、なんてことは朝飯前にならないといけません。

そう、**「執事《しつじ》」になりきるのです。**

あなたにとってじじぃは大切なご主人様。ご主人様が快適に過ごせるよう、わずらわしいことはすべて先回りして行ってあげればいいのです。

こうしたことを積み重ねることによって、じじぃのなかであなたは「使えるヤツ」として高評価され、いつもそばに置いておきたい部下になります。

さらに、メンタル面でVIP気分を味わわせてあげることもまた効果的です。

それは「相談」です。

うんちくじじぃの項でも触れましたが、じじぃは相談されることに至上の喜びを感じます。他のじじぃとちょっと違うのは、肉食じじぃの場合、「肉山さんだけにしか相談できない」という**限定的な言い方を最初に付け加えること。**

特に男性の場合、ただ漠然と「相談があるんですが……」と言ってしまうと、「忙しい」と断られてしまうのがオチですからね。

肉食じじぃには「こんな大勢いるなかで自分を選んでくれた」と思わせなければ意味がありません。

口元に薄ら笑みを浮かべながら「なんだ？　言ってみろ」と相談に応じてくれたらこっちのもの。優越感を与えてくれるスナックに通い続けるように、じじいはあなたを贔屓してくれるようになります。

携帯メールで親近感を植えつける

贔屓……といえば、試していただきたいのが**携帯メールアドレスの入手**です。

「若いヤツにはまだまだ負けない」と思っている肉食じじいは、若い世代のやることなすことが気になって仕方ありません。若い世代にはあたりまえの携帯メールもそのひとつだったりします。

といっても、「じじいのメールアドレスなんて金をもらっても欲しくない」と思う方がほとんどでしょう。

しかし、**皆が敬遠するからこそ狙い目なのです。**

じじいに来る携帯メールといったら、飲み屋の営業か出会い系のスパムメールばかり。

利益抜きでメールをくれるのは家族くらいなもの、いや、それすらもないかもしれません。

口では「メールなんてウザい」と言いつつ、心は裏腹《うらはら》。パソコンよりもプライベート要素が強い携帯メールをもらうと、心の距離が近づいたような気がして、意外と嬉しいものなのです。

酒を飲んでいるときなど、じじいがリラックスしているところを狙って、携帯アドレスを聞き出してみましょう。

大抵のじじいは面倒なフリをしながらも必ず教えてくれます。

めでたく（？）携帯メールアドレスを入手したあとですが、ありがたみを持たせるためにも、メールをするのはごく控《ひか》えめにしましょう。年中メールしてしまうと、反対に「鬱陶しい」と思われてしまいますからね。

効果的なのは、酒席を共にして、各自が帰路についたあと。**補助的なお礼として、携帯メールを一本打っておくと印象が違います。**

私もこれは実践していて、お酒をごちそうになったあとは、家に帰る道すがら、その日のうちに必ずお礼メールを送ります。

このときのメールの文面ですが、ほぼいつもの会話口調と同じです。

おつきあいの度合いにもよりますが、全体の雰囲気がやわらかくなるので、絵文字もちょこまか入れ込みます。

少し前はお堅いお礼メールを送っていたのですが、「葉石さん、メールになるとカタくて面白くないねぇ」と苦笑されたので、思い切って話し口調にしてしまいました。

といっても、目上の方ですから敬語だけは崩《くず》しませんよ。

絵文字やエクスクラメーションマークをところどころに入れ、形式ばった表現ではなく、自分の素直な気持ちを3、4行で簡潔に書く。

そのほうがじじいの心にも響き、親近感がわくようで、最近は絵文字入りの返信メールをいただくようにまでなりました。

あ、そうそう、じじいからの返事はけっして期待しないでくださいね。

業種にもよりますが、基本的にじじいはメールを打つことが苦手で、「メールをするんだったら電話したほうが早い」と思っていますから。

携帯メールはあくまでも補助的なツール。「とりあえず」の気持ちを伝えられたらそれだけで十分なのです。

喜び上手は転がし上手

ＶＩＰ待遇に慣れきっている肉食じじいですが、実は人を喜ばせることが大好きという意外な面があります。

裏を返していえば、人を喜ばせるのが好きというより、**「人を喜ばせちゃってるオレ」に酔《よ》うのが好きなのです。**

おネエちゃんたちに大枚《たいまい》はたいて高いバッグを貢《みつ》いだり、高級レストランに連れていくのも、すべては「自分に酔いたい」がため。

喜び上手になって、肉食じじいのツボをギュッとつかんでやりましょう。

では、どうしたら喜び上手になれるのでしょう？

喜びの気持ちを伝えることは簡単なようですが、実は結構むずかしいものですよね。

私はよく「葉石さんって喜び上手だね」と言われます。これは、私自身が誰かを喜ばせることが好きで、喜んでくれたときの相手の反応を見ているからです。

喜んだ表情を見ると素直に嬉しいですし、「今度はもっと喜ばせてやろう」とあれこれ策を練《ね》ったりします。喜ばせたい側の心理がわかると、自然と自分も喜び上手になるものです。

そうはいっても、じじいと接するのはオフィスですから、クラブのおネエちゃんたちのように「きゃ〜、嬉しい〜」と甲高《かんだか》い声を出せばいいというものではありません。あまりにも見え透《す》いた喜び方は「何か魂胆《こんたん》があるのでは?」とあらぬ疑いをかけられますので、注意が必要です。

「嬉しい気持ちを素直に言葉に出す」という基本は同じですが、ここではもっと大人の喜び方をマスターしましょう。

①他者を引っ張り出して喜んであげる

人は最高に嬉しいことがあると、つい人に話したくなってしまうもの。これは誰にでも共通していることですよね。

肉食じじいに何かをしてもらったら、その場で喜ぶのはもちろん、しばらくしてから「この前、肉山さんに連れて行っていただいたお店の話を味にうるさい食通の友人にしたら、羨《うらや》ましがられて大変でしたよ」という具合に、**誰かに話したことを伝えてみましょう。**

人を引っ張り出すことによって、あなたの喜び度がさらにアップし、じじいもご満悦《まんえつ》になること間違いなしです。

また、お店に連れて行ってもらった場合は、**その店をリピートすると一層効果的です。**同じ店にもう一度足を運ぶのは気に入った証拠。そしてまた、そこを根城《ねじろ》にしているじじいの味覚を認めたということにもなります。

バブル時代、高級店を片っ端から行き尽くした肉食じじいは、自分の味覚に絶大な自信を持っていますから、リピートというかたちでじじいの食通っぷりに太鼓判《たいこばん》を押してあげると、感動もひとしおです。

そしてさらに、じじいがその店に再訪したときに「この前、○○さんがいらしてくれて。ご紹介ありがとうございました」などと店員から報告を受けることによって、じじいの喜びは最高潮に。

そうそう、リピートしたことは早々にじじいに報告してくださいね。店側から先にあなたがリピートしたことを聞くと、縄張《なわば》り意識の強い肉食じじいは「テリトリーを侵《おか》された」と勘違いしかねませんので、即日の報告を心がけてください。

②じじいのオススメに喜んであげる

自分は今でもイケてると信じて疑わない肉食じじいは、「自分が言うことはすべて正しい」と思い込んでいます。

ですので、「良い」と思ったものがあると、やたら人に薦《すす》めるクセがあります。

若い世代からすれば、「ありがた迷惑限りなし」といったところでしょう。大概の人は「同調したフリ」をして、サッと流してしまいます。

しかし、じじいのオススメを軽んじてはいけません。そこには「喜びポイント」が隠されているからです。

肉食じじいが薦める本や映画など、少しでも気になるものがあったら、騙《だま》されたと思

って試してみてください。

想像通りそれがどうしようもないものであっても、それは見なかったことにして、「先日、肉山さんが薦めてくださった本、すごくためになりました。ありがとうございます！」と目をキラキラさせながら喜びの気持ちを伝えてください。

自分が何気《なにげ》なく言ったことを覚えていてくれたこと、そしてそれを自分の目で確かめて価値を認め喜んでくれたことに対し、じじいは大きな喜びを感じます。

と同時に、あなたに対する信頼度も高まり、目をかけてくれるようになります。

オススメを聞いて行動を起こすのはすぐにでもかまいませんが、**ちょっと時間を置いてからのほうが感動がより大きくなります。**

自分で言ったことすら忘れているのに、他人が自分の言葉をずっと心に留めておいてくれるなんて嬉しいじゃないですか。

じじいとて人間。何を言っても反応がない部下より、自分を受け止めてくれる部下のほうがかわいいに決まっているのです。

③「ステイタス」や「マニュアル」に喜んであげる

バブル時代に青春を謳歌《おうか》した肉食じじいの愛読書といえば……今はなき「ホットドッグプレス」や「ポパイ」です。

デート、口説き方、果てはセックスに至るまでが完全にマニュアル化されていて、今読み返せば「ぷぷぷっ、こんな方法で女が落ちるワケないじゃん」と思うことも多々ありますが、当時としては画期的で、血気《けっき》さかんな肉食じじいにとってはまさにバイブルだったのです。

クリスマスはフレンチレストランを予約して、ソムリエ推薦のボルドーの高級ワインで乾杯。ラグジュアリーなホテルのスイートルームに泊まって、マニュアル通りにエッチして、プレゼントには並んで買ったティファニーのオープンハートのネックレスを渡す……。

こんな雑誌に書かれた通りのマニュアルを、じじいは真摯《しんし》なまでにも実践してきたのです。そのクセはいまだ抜け切れておらず、肉食じじいは何かとマニュアルを重視します。

「マニュアル君」が大炸裂《だいさくれつ》するのは酒席。レストランでワインを飲むと、付け焼刃《やきば》の知識で「湿った草の香りが潜《ひそ》んでるね」などと、いかにもわかったようなことをほざいたりします。

料理がくれば「鴨《かも》はシャラン産が一番だね。まずは何もつけずに肉の旨味《うまみ》を、ふた口目はバルサミコ酢のソースを少しつけて脂の甘味を味わってみるといい」などと、「お前は海原雄山《かいばらゆうざん》か！」とつっこみたくなるようなことを言い出します（注：このじじいは実在します）。

おいしいものをおあずけにされた挙げ句、マニュアル通りの講釈《こうしゃく》を垂《た》れられると殺意さえ抱きますが、じじいにとってみればそうした知識をひけらかすこともまた楽しみであり、ステイタスなのです。

ここはひとつ大人になって、「さすがよくご存じですね。教えていただいてありがとうございます」と思いきり喜んであげましょう。

ここでは特にテクニックは必要ありません。**じじいのマニュアルに従いつつ、満面の笑顔で喜んであげるだけでいいのです。**

肉食じじいはそんなあなたの笑顔を見て、バブルがとうに去った今もなお若者にマニュアルが通用することに、大いなる喜びを感じてやみません。

若い世代からすると、いい年のじじいがマニュアル通りに動くのは滑稽《こっけい》に見えることでしょう。でも、けっして笑ってはいけません。肉食じじいの幹《みき》を形成しているのはマニュアルなのです。それを賞賛することは、「オレってやっぱりイケてるな」というさらなる自信を持たせてあげることにつながるのですから。

さて、3つの喜び方、いかがでしたか？

いずれもむずかしいテクニックは不要ですが、**磨いておきたいのは「演技力」です。**「ウザい」と思う心が透けて見えぬよう、いかなるときも満面の笑顔で喜ぶことができるように鏡の前で日々精進《しょうじん》してくださいね。

肉食じじいには「若さ」と「アッサさ」でぶつかれ

いくつになっても出世欲が衰えず、相変わらずイケイケの肉食じじいは、若い世代からすると「じじいのクセになにがんばっちゃってんの？」と思うことも多いでしょう。

「終身雇用」という言葉がもはや死語になった今、家庭を顧《かえり》みず、会社のために身を粉《こ》にして働こうなんて思う若者はまずいないと言っても過言ではありません。

若い世代の多くは、ガツガツ働いて出世することより、そこそこ働いてプライベートも謳歌《おうか》したいと考えていますので、肉食じじいのようなアツい上司を見ると「暑苦しい」と感じずにはいられないことだと思います。

しかし、**その「暑苦しい」と思う部分にこそ、学ぶべき点が隠されているのです。**

バブル期を経験した40代から上の世代は、心のどこかで「いつか夢再び」と思っている節《ふし》があります。

がんばったら、がんばったぶんだけの収益と、それ相応の地位を得ることができた時代を経てきたじじいは、「夢は自分でつかみ取るもの」ということを経験値として知っています。

だから、仕事にも女性にも積極的なのです。

ええ、「今は時代が違うんだよっ」と言いたいのは十分にわかっています。たしかに今は社会全体が不安定で、夢を見ることすらむずかしくなっているのかもしれません。でも、だからといって守りに入ってしまうのは、ちょっともったいないような気がするのです。

私は、ダメ元でもとりあえず挑戦しようとするじじいのバイタリティが大好きです。禿《は》げ散らかした髪をふり乱し、じじいエキスがたっぷり含まれた汗をかきかき、必死にがんばっている姿ってステキじゃないですか（注：褒めてます）。

電通総研スーパーバイザーの大屋《おおや》洋子さんも、著書『いま20代女性はなぜ40代男性に惹かれるのか』（講談社＋α新書）のなかで、「バブル期を知る40代男性は欧米男性に勝てる唯一の世代」と賞賛していますが、これはまさに肉食じじいのこと。けっしてずっと一緒にいたくはないけれど、肉食じじいに魅力があることは確かなのです。

しかし、若い世代に「肉食じじいのようになりなさい」と言っても、それは無理というもの。だったらどうすればいいのか？

味方につければいいだけのことです。

肉食じじいは、人並み外れた行動力に加え、素晴らしい社外人脈を持っています。バブル時代から今に至るまでにせっせと構築した人脈は、会費が1万円程度の異業種交流会ではまず得ることができない宝の山です。

加えて、強引なまでに目的を果たそうとする図々《ずうずう》しさ、いえ、バイタリティを兼ね備えた肉食じじいは、敵に回したら怖いけど、味方につけたらこれほど強いものはありません。

肉食じじいのご寵愛《ちょうあい》をもっと受けるためには、先に挙げたリテラシーをマスターするのはもちろんのことですが、それにプラスして、**あなた自身も若さゆえの「青臭い暑苦しさ」をちらつかせるのが有効です。**

肉食じじいは、『男女7人夏物語』や『東京ラブストーリー』といったトレンディドラマ（これも死語ですね）にもっとも影響を受けた世代。

トレンディドラマといえば、出演者が年中アツい思いをぶつけ合い、笑ったり泣いたりしながら恋を謳歌して、見ている側は憧れと共感を抱きつつ、思いきり感化されたものです。

恥《は》ずかしながら私もそうでして、トレンディドラマ世代は恋愛にしても仕事にしても、のほほーんと平坦《へいたん》にいくより、自らイバラの道を選ぶ傾向があります。そう、**日常のなかにドラマのような強い刺激を求めているのです。**

たまには思いきって、じじいに刺激を与えてあげましょう。

もしじじいが仕事で中折《なかお》れしそうになっていたら、「肉山さん、そんなことでホントにいいんですか！　そんな弱気になるなんて、ボクは肉山さんを見損ないましたっ！」と涙を浮かべるくらいの勢いで煽《あお》ってみてください。

ほら、なんだか「ジャジャーン♪」と主題曲のイントロが聞こえてきそうでしょ？　いかにもとってつけたセリフのように思うかもしれませんが、トレンディドラマ世代にはこれくらい臭いほうがいいのです。

いつも物静かでイエスマンの部下がいきなり反撃することで、肉食じじいの戦闘本能に火がつき、「おーし、やってやろうじゃねえか」とトレンディドラマの主人公のように意欲満々になります。

万が一、怒らせてしまった場合は、「申し訳ありませんでした。肉山さんだとつい甘えてしまって……」と素直に謝ること。口答えをしたり、論破してしまっては本末転倒です。

　ここは若さを武器に青さを前面に出したアッさを見せつけ、「オレにもこんな若い頃があったなあ……」と親近感を持たせるのが狙いです。

今のじじいは、若い世代にアツい部分を求めています。

　金も地位もなく、寝る間も惜《お》しみ、ただひたすら仕事に打ち込んだ日々。上司から奴《ど》隷《れい》同然に扱われ、悔し涙を流した若き日の自分……。

　年齢を重ね、それなりの役職に就《つ》くと、そうしたことが妙に懐かしくなります。

　若い頃の自分とどことなく似たアツい部下を見ると、過去の自分を重ね合わせ、懐かしさとともに「よし、コイツのために何とかしてやろう」と思うもの。

　年中とは言いません。ごくたまにアツさを一発かまして、じじいのノスタルジーな思いを満足させてあげてくださいね。

肉食ファッション

…この強い香水…
カッ!!
カッ!!
ヒールの音
ワニ革
攻撃的なつま先
ムダに開いたシャツ
今日もステキですね肉山さん
バブル…
知ってるよォ~
愛人になる?

第四章
「茶坊主じじい」リテラシー

上にペコペコ
下にガミガミ
スリスリ
部下
チクリ屋
マメで計算高い
人（権力）によって態度を変える
腹黒
スリスリ
専務

【茶坊主じじい】大して仕事もできないのに良いポジションにいて、上司にかわいがられているのが、茶坊主じじいの大きな特徴です。

得意技はお世辞《せじ》とごますり。自分にとって得となる人物の誕生日は必ず覚えていて、ちょっとしたサプライズで相手の気を引きます。周囲固めもうまく、上司の家族と懇意《こんい》にしていたりもします。

仕事の功績ではなく、ごますりだけでのしあがったことが明らかなだけに、社内の人間からは侮蔑《ぶべつ》の目で見られています。上司には必要以上にペコペコ、部下は虫けら同然の扱いと、権力のあるなしによってカメレオンのように態度を一変させます。

世の中でいちばんかわいいのは自分。

「人を蹴落《けお》としてでも出世を手に入れたい」と考えており、出世のためなら手段を選びません。仲良くしていても、掌《てのひら》を返すように突然裏切られることもあるので、細心の注意が必要です。

茶坊主の極意

なんだこれは!!
A案って言っただろ
エライ人
B案いいね!
B案!いいねー!!
B案!!やっぱB案
Aもいいかも
ですよねー
うんうん
!?
ペコペコ
ペコペコ

究極のゴマスリ野郎

権力のある人には「どこから声が出てるの？」と思うほどの猫なで声でお世辞を言って媚《こ》びへつらい、そのゴマすりっぷり具合はゴリゴリと音が聞こえるほど強烈で、背中がもじもじしてくるほど。

いい顔を見せるのは「自分にとってトクになる」人だけ。

その見極め能力は最《さい》たるもので、利益になるかどうかを瞬時に見分け、一番の権力者に腰ぎんちゃくのごとくくっついて離れません。

要領が良いのに加え、話題も豊富。さらには社内の情報にも精通していて、人の気をそらすことがないことから、上司からのウケはかなりのものです。

でも、肝心な仕事はというと、これといって功績があるワケではなく、どちらかというと目立たない凡庸《ぼんよう》な社員といったところ。ところが驚くことに、身分不相応の立派な肩書がついていて、周囲からは「おべんちゃらで勝ち取った肩書」と陰口《かげぐち》を叩かれています。

上司のウケがいいので誰にでも愛想がいいかといったら大間違いで、入社したてのペーペーの新入社員をはじめ、部下という部下には掌《てのひら》を返したかのような高圧的な態度を取ります。

常に上から目線で、奴隷《どれい》のごとく扱うことから、部下からの人望はゼロ。「こすっからい」という形容がピッタリで、できることなら一生関わりたくないとさえ思う。

それが「茶坊主《ちゃぼうず》じじい」です。

茶坊主というと、若い世代にはあまりなじみのない言葉かもしれませんので、ここで茶坊主についてのお勉強をさらっと。

その歴史は江戸時代にまでさかのぼります。

江戸城において、剃髪《ていはつ》・法服《ほうふく》といった僧《そう》の姿で、さまざまな雑役《ぞうやく》に従事する人を総称して「坊主」と呼んでいました。茶坊主と言われるようになったのは、大名たちに給仕《きゅうじ》するため、茶湯を持って城内をうろうろしていたため。

そもそも茶坊主は、教養があって、礼儀作法もわきまえている知識人なのですが、それゆえにソツがなく、要領が良いため、嫉妬《しっと》と羨望《せんぼう》が入り混じった感情を抱く人は少なくなかったようです。

それゆえに、本来「知識人」であるはずの茶坊主のイメージは徐々に薄まり、現在では往々《おうおう》にして「究極のゴマスリ野郎」という、あまりよろしくない意味合いで使われるようになりました。

もちろん、本書においても、です。


うんちくじじい的な語源はさておき、茶坊主じじいはどの会社にも生息《せいそく》していて、もちろん私の最初の職場にもいました。

メタボだるま（仮称）は、上司の言うことはなんでも「はい、はい」と聞き、とにかく気が回るヤツでした。上司がタバコを出したらサッとライターを出して火をつけ、周囲がシーンと静まり返るほどつまらないオヤジギャグを上司が言っても、涙を流して大笑い（のフリをする）。

上司に限らず、その愛人のゴキゲン取りも欠かさない隙《すき》のなさは、「お見事」のひと言でした。

さして実力があるわけでもないのに、同期入社の同僚よりもいい仕事をしていたのは、上司の後《うし》ろ盾《だて》があったからでしょう。

メタボだるまも多分《たぶん》に漏《も》れず、なんのトクにもならない私のようなペーペーは眼中《がんちゅう》になく、あいさつすらまともにしてくれませんでしたが、「マメで、おべんちゃらがうまければ、さして実力がなくても出世できる」ということを嫌というほど私に教えてくれたのです。

愚痴、悪口、噂話には気をつけろ！

さて、こうした鼻持《はなも》ちならない茶坊主じじいとつきあうなかで、**もっとも気をつけたいのが「警戒心を忘れない」ということ。**

特に、個人名を特定した愚痴、悪口、噂話は御法度《ごはっと》。

茶坊主じじいは出世のためなら手段を選びませんので、あなたが出世の邪魔になると思ったら、間違いなく「アイツ、こんなことを言ってましたよ」と上司に告げ口し、立場を揺らがせようとします。

私自身、メタボだるまに上司とその愛人の噂話を無邪気《むじゃき》に話したところ、愛人に告げ口され、エラくイジめられたことがあります。

足を引っ張られる要素を自ら増やさないよう、特に悪口は言わないほうが賢明です。

そうは言っても、いくら告げ口が怖いとはいえ、ストレスの多いサラリーマンが愚痴や悪口を言わないなんて、お釈迦《しゃか》様でもあるまいし、まず無理ですよね。ある意味、サラリーマンにとって愚痴や悪口はあいさつのようなもので、一種のコミュニケーションツールでもありますから。

だから、必要に応じて、臨機《りんき》応変《おうへん》に愚痴や悪口を言うようにしてください。

たとえば、社内の人間との飲み会となれば、嫌な上司の愚痴大会になることもしばしば。そんなとき、ひとり知らん顔をするのはかえって非難を浴《あ》びます。愚痴大会が始まったときは、迷わず参加しましょう。

ただ、注意点が二つあって、それは必ず守ってください。

ひとつは、**「決定的なことは言わない」**こと。

たとえば、「増田なんて早くクビになればいいのに」とか、「増田は社内一、仕事ができない」といった、「アンタ、それを言ったらおしまいよ〜」的なひと言です。

こうした爆弾発言は印象に残りやすいため、皆で愚痴を言っていたとしても、主犯格に仕立てられてしまいます。

自ら進んで愚痴を言うのは極力避け、「そうそう」「ったく、ムカつくよな」といった具合に、合いの手を入れる程度に抑えておくのが無難でしょう。

もうひとつは、**「情報源にならない」**こと。

愚痴大会が盛り上がってくると、次第に噂話が浮上してきます。このとき、うっかりちょっと小耳にはさんだ「そういえば倉田のヤツ、総務のゆり子と不倫しているらしいぜ」なんて噂話を口にしたら大変です。噂が広まると同時に、あなたは情報源として皆に認知されてしまいます。

根拠のない噂話はけっして口にせず、もし噂話が出始めたら、「へー」と軽くスルーするのが賢明です。

とにもかくにも、愚痴や悪口を言うときは「アイツはあのとき、こんなことを言っていた」とあとから言われるような強い言動は避けることです。

茶坊主じじいの前ではもちろんですが、同僚の前においても同様です。

どうしてかって？ それはね、同僚のなかにも「茶坊主じじいジュニア」がいるかもしれないからです。今、笑顔であなたの愚痴を聞いている同僚だって、「出世」というエサを目の前にぶら下げられれば、裏切る可能性がないとは言えないじゃないですか。

ドライと思うかもしれませんが、職場においてはそのくらいの警戒心があってちょうどいいんです。

オネエに学ぶ「バカの演じ方」

警戒心を抱きつつ、足元をすくわれないよう、不利になることはけっして口に出さず、慎重につきあう――「上司の間者《かんじゃ》」でもある茶坊主じじいと渡り合うにはこれがベストな方法ですが、生身の人間としては、そうそう優等生でいられるワケがありませんよね。

茶坊主じじいにとって、部下は奴隷同然。口のきき方はぞんざいだし、無茶な注文を平気で言ってきます。若い世代は、事《こと》あるごとにカチンとくることでしょう。

ムカつくのは当然ですが、そこはグッと耐えてください。ヘタに張り合おうと、むきになって正論をぶつけたり、口答えをすると、心象が悪くなるだけでなく、恨みを買って悪評を言いふらされかねません。

茶坊主じじいは端《はな》から部下を下に見ているので、何を言っても「バカがほざいている」としか思わないのです。

だったら思いきって、**バカを演じてしまえばいいのです。**

過日、テレビの仕事の際、茶坊主じじいの扱い方が実にうまいアシスタントディレクターの長谷川君（仮名）に出会いました。

上司である暴君ディレクターは長谷川君を「オマエ」扱いで、電車も止まるほどの激しい雷雨のなか、使うか使わないかわからない小道具を買いに行かせたり、出演者がいても大声で怒鳴りちらすといった横暴ぶり。

しかし、プロデューサーの前に出ると、借りてきた猫のようにおとなしくなり、やたらお世辞《せじ》を言うという、まさに典型的な茶坊主じじいでした。

出演者の私が見ていてもムカッとするのに、長谷川君は感情を一切顔に出さず、いや、それどころか笑顔で、暴君ディレクターの命令に素直に従っていました。

暴君ディレクターが「コイツ、バカでグズなんですよ」と私に向かって言うと、長谷川君はすかさず「オレ、マジでバカで、小学校も留年しそうだったんです」とさらに自分を落とす。暴君ディレクターはじめ、これを聞いて周囲はどっと笑うワケですが、これには「いやー、若いのに人間ができてるなあ」と感心してしまいました。

上下関係が厳しいテレビ業界で、ディレクターに睨《にら》まれたら先がないことを長谷川君はよくわかっているんですね。私には50代の暴君ディレクターより、20歳そこそこの長谷川君のほうがずっと大人に見えました。

上から目線で人を小ばかにするじじいとは、バカを演じるくらいの余裕がないとうまく渡りあえません。


そうそう、「バカを演じる」といえば、オネエこそがまさにその達人。

昨今は芸能界でもオネエキャラ枠《わく》がすっかり確立され、テレビで見ない日はありませんよね。彼女(?)たちは性別、年齢を問わず、皆から好かれ、親にも言えないような相談を持ちかけられたりしています。

ふだんは陽気なおバカだけど、いざとなると意見をキチンと言うし、怒るときはバシッと怒る。こうした一本筋の通ったところが誰からも好かれる所以《ゆえん》。加えて、男でもなく女でもないというニュートラルな部分に憧れを抱く人も少なくないはずです。

そんな彼女たちに学びたいのが、「バカを演じる」テクニック。

バカを上手に演じることで、どんな人の心をも掌握《しょうあく》する方法を学びとり、常に上から目線の茶坊主じじい対策に役立てましょう。

オネエは自分が小ばかにされていることを知りつつ、**自虐的《じぎゃくてき》なまでに自分を落とし込むことができる天才です。**

「アタシと飲みたいなら、夜明け前までにしてちょうだいっ。ほら、朝になるとヒゲで顔が青くなっちゃうでしょ」とか、「メークを落として両国《りょうごく》を歩いてたら相撲《すもう》取りに間違われたのよ。悔しいから『ごっつぁんです!』って返してやったわ」といった感じで話されると、もう笑わずにはいられませんよね。

でもこれって、実はなかなかできないことなんです。普通、小ばかにされていると思うと、悔《くや》しさが先立ってしまい、ついむきになって対抗しようとしてしまいますから。

オネエがバカを演じ切れるのは、小ばかにされた怒りを表面化させればさせるほど、自分が滑稽《こっけい》に見え、相手をさらに助長《じょちょう》させてしまうことを経験値として知っているからです。

知人のオネエ・ロバ子もまさにそうで、実家は世田谷に土地やビルを持つお嬢《じょう》（?）で、本人は有名大学を卒業していますが、そんなことはおくびにも出さず、いつも能天気なバカを演じ切っていました。

高圧的な人間であっても、オネエを目の前にすると、自然と戦意が消失してしまいます。「私はあなたより下ですよ～」というシグナルを常に発することで、警戒心もなくなりますし、敵として見なすことはまずなくなります。

オネエたちはそんな丸腰になった相手を見て、お腹の中でペロッと舌を出していたりするもの。実のところオネエは、こちらが思う以上にしたたかなんです。

このしたたかさこそが、茶坊主じじいのようにひと癖もふた癖もある人間ともうまくつきあえる最大の武器なのです。

茶坊主にかわいがられるのは「合コンに呼ばれるタイプ」

さあ、バカを演じられるようになったら、今度は茶坊主じじいを利用することを考えましょう。

茶坊主じじいの最大の利点といえば、金脈ともいえる素晴らしい人脈を持っていることです。それも、肉食じじいとは異なる、黄金の社内人脈を持っているのです。

茶坊主じじいは社内の権力者という権力者をすべてロックオンしていますので、その人脈のおこぼれにあずかることができれば、出世への近道を手に入れたも同然。

手っ取り早い方法は、**そうした権力者との飲み会に誘ってもらうことです。**

といっても、簡単に誘ってもらえるかといったらそうではありません。茶坊主じじいにとって、自分のトクとなる権力者は家族以上に大事なもの。若いうちからゴマをすりまくり、コツコツと構築してきた財産ですから、そう易々《やすやす》と下っ端の部下におこぼれをくれるワケがありません。

飲み会の席に誘われるようになる条件はひとつ。

「使えるヤツだと思われること」

これにつきます。

これはどこか、合コンの人選にも似ていますよね。

合コンの主催者がメンバーを選ぶ基準をちょっと考えてみてください。

特に女性の場合、「連れていって恥ずかしくない」、つまり、「可もなく不可もなく」という形容詞がハマる、誰が見ても「中以上、上以下」の容姿であることが第一条件になるはずです。

わかりやすく言えば、「よく見ると美人じゃん」と言われるタイプです。ほら、とびきりの美人を連れて行くと、人気が一極集中して、獲物《えもの》が獲れなくなっちゃうじゃないですか。かといって残念すぎる子だと、「類友《るいとも》」（類は友を呼ぶ）と言われかねませんからね。

その人を連れていくことで自分が引き立ち、かつ他のメンバーからも文句が出ない。合コンにおいての「使えるヤツ」とは、その手の人を指します。

合コンでは「容姿」が第一条件になりますが、仕事をからめた酒宴《しゅえん》の場合、「仕事の能力」が重要視されます。

仕事の出来具合は、容姿と同じく「中以上、上以下」。

突出した才能があるワケでもなく、勤務態度はいたって真面目で、与えられた仕事は期日内にキチンとアップする。やる気はあるけど、我《が》が強くなく、上司の言うことにはけっして逆らわず、何事も素直に聞く。

茶坊主じじいは、そういうタイプを「使えるヤツ」として好みます。

つまりは「ライバルになりえない安全牌《あんぜんぱい》」ってことです。

バカを演じながら徐々に「安全牌」としてのポジションを得て、確実に仕事の実績を残す。そうすることで茶坊主は安心し、「コイツだったら、飲み会に連れていっても大丈夫だろう」と心のなかで太鼓判《たいこばん》を押すのです。

「安全牌」と思われることに不快感を示す方もいると思いますが、金山のような人脈を得るまでの辛抱《しんぼう》。ここはジッと耐えてください。

飲みの席では黒子《くろこ》になりきれ

さて、肝心な権力者との酒宴の席で、茶坊主じじいからさらに「使えるヤツ」として認めてもらうには、**じじいの「宣伝マン」になることが要求されます。**

自分のことを自分で褒《ほ》めるのははばかられますが、人の口を介《かい》してであれば、「いやぁ、そんなことないですよ～」と謙遜《けんそん》しながらも堂々としていられますからね。たとえば、「茶坊《ちゃぼう》さんは休日返上で英会話学校に通ったり、資格を取ったりと、すごく努力家なんですよ」といった具合。

人の口を介すことで信用度もアップしますし、何よりも押しつけがましくない。こちらが催促《さいそく》せずとも、自分を褒めて、引き立ててくれる人は、飲み会の席では貴重な存在なのです。

それでもって、気が回る人ならもうカンペキ。グラスが空《から》になりかける前にお酒を注《つ》ぐ、ひとりぽつねんとしている人がいたら話しかけるといった感じに、細かい部分に目がいく人は、私だったらゴールデンメンバーに認定しちゃいますね。

これに加えて、「でしゃばらない」というのも欠かせない要素。

飲み会の主人公はあくまでも権力者であって、主たるホストは茶坊主じじいです。茶坊主じじいの立場を揺らがすような知識のひけらかしや、気を回しすぎて茶坊主じじいの手柄を奪い取ってしまわないなど、「どれだけ茶坊主じじいを主役にできるか」という能力が求められます。

つまりは、**どれだけ「茶坊主じじいの黒子」になりきれるか**にかかっているのです。

これができて、初めて茶坊主じじいの信頼を得られ、「人脈」という名のおこぼれをちょうだいすることができます。

「そんなことまでして、おこぼれにあずかりたくねーよ」という声が聞こえてきそうですが、つまらないプライドは損というもの。黒子になるのはホンの一瞬です。たったそれだけで、将来を左右する人脈がさして苦労せずに手に入るのなら、黒子になるくらい屁《へ》みたいなもの。

割り切っちゃった人から勝ち馬になれるのです。

茶坊主の処世術「地《じ》固《がた》め戦法」

いい人脈を持っていること以外、なんの価値もなさそうな茶坊主じじいですが、大いに学びたい部分もあります。

それは、上司から絶大なる信頼を置かれているという点です。

人並み以上に仕事ができるワケでもなく、部下からの人望がゼロの茶坊主じじいが、なぜ上司の信頼を勝ち取ることができたのでしょうか?

その秘密は、念入りな「地固め戦法」にあります。

「地固め戦法」とは、上司本人はもとより、上司を取り巻く妻や子どもといった家族までをも懐柔《かいじゅう》し、上司の周辺の地場《じば》を踏み固め、さらに揺るぎのない信頼を得ることです。

「実際に仕事をするのは上司なんだから、家族なんて関係ないじゃないか」

そう思った方は、まだまだ修業不足です。

ちょっと自分に置き換えて考えてみましょう。家族は唯一無二《ゆいいつむに》で、かけがえのない存在。その大事な家族を気にかけてくれる人がいたら……そりゃあ好感を抱くし、信頼を置くに決まっていますよね。まったくの他人であればなおさらです。

京都の祇園《ぎおん》にあり、私がよく知る老舗《しにせ》お茶屋バーのママは、まさにそうした「地固め戦法」のプロ。そのお店はこの不況時にもかかわらず、いつもお客さんでにぎわっています。

客と酒を飲みながら、ごく自然に誕生日を聞き出し、カウンターの下でササッとメモ。まあ、このくらいであれば、駆け出しのホステスでも、ちょっと気が利《き》く子ならできるワザです。

「さすが!」と思わせるママのワザは、**結婚記念日をチェックするところ。**

客の誕生日にはメールですませることがほとんどですが、結婚記念日には手書きのカード、上客ともなると胡蝶蘭《こちょうらん》を本人と妻宛てに送るのだそう。

客の評判は上々で、何かとうるさい妻もこれには感服。朝、出かけに「今夜は飲みに行く」というと眉《まゆ》をひそめることがほとんどなのに、ママの店の名前を出すとにこやかに送り出してくれるというのですから、その効果たるや目を見張るものがありますよね。

家計を預かる妻を籠絡《ろうらく》したら、つぎなるターゲットは子どもです。

子どもの場合は誕生日ではなく、大学入学、就職といった人生の節目《ふしめ》に、万年筆や名刺入れを送るのだとか。子どもがいない客には、子どもと同等にかわいがっているペットにペット専用の高級おやつをプレゼントするといった具合に、匠《たくみ》の「地固め戦法」はぬかりがありません。

ママのような達人になるには、**「相手の情報をどれだけ引き出せるか」**にかかっています。

情報を聞き出すにはコツがあって、まず「小分けにして聞く」こと。「お子さんは？」「奥様は何をしていらっしゃるの？」「結婚何年目？」と矢継《やつ》ぎ早《ばや》に質問してしまうと、「なんでそんな立ち入ったことばっかり聞くんだろう？」と逆に不信感を抱かせてしまいます。

恋愛においてもそうですよね。出会ってまもない相手に家族構成を根掘り葉掘り聞かれたら、「コイツ、もしや結婚詐欺《さぎ》なのでは？」と訝《いぶか》ってしまいます。怪しまれないためには、話の流れを見ながら、唐突感がないよう少しずつ探りを入れるのがポイントです。

またその際、相手のことを聞くだけではなく同時に自分の情報も伝えると、安心感を与えられ、話がスムーズに流れます。

たとえば、「そういえば私、先日、結婚10周年を迎えたんですよ。10年って、あっという間ですね。そういえば、桜井さんのところはご結婚何年目になるんですか？」という具合に、自分の情報をまず伝えたあとに質問すると、非常に自然な感じがします。

このとき、相手が「もうすぐ25年目になるよ」と答えたら、「あら、大先輩ですね。ところで結婚記念日はいつですか？」と核心に入っていく。こういった会話であれば、相手に怪しまれることなく、さまざまな情報を入手することができます。

そして、**相手から聞き出した情報は必ずメモしておきましょう。**とはいえ、会話をしながらメモを取ってしまってはあからさまだし、会話を中断してしまうので、相手がトイレに立った際に携帯電話のメモ機能に書き込むとか、記憶力がいい人なら、暗記して会話が終わったあとで手帳に記すなど、使い分けましょう。

「地固め戦法」を成功させるには、こうしたマメさもまた必須条件なのです。

人の信頼を勝ち取る手土産術

そういえば、父が定期的に出張していた福岡のスナックのママは、父が店を訪れるたびに明太子を贈ってくれていたっけ。それも一般的に出回っているものではなく、「ザ・ママスペシャル」の辛味《からみ》が強く、ぷっくりと太った極上の明太子を。

どこでも買えるありきたりのものではなく、贈り主本人の舌で確かめ、「おいしい」と確信したものって、すごく心に響きますよね。

私と母はその明太子が食べたい一心から、父に「今度はいつ福岡に行くの？」と遠回しに催促していました。これもまた、家族の胃袋までを掌握《しょうあく》した立派な「地固め戦法」です。

ちなみに私も福岡のママ方式で、**じじい本人ではなく、妻や子どもの好みのものを出張などの折《おり》に手紙を添《そ》えて贈るようにしています。**

食べ物やお酒に関しては必ず自分で試し、絶対の自信を持っておすすめできるものしか贈りません。味見もせず、「いかにも空港や駅で買いました」的なものは、適当に選んだ感が必ず出ますし、かえって心象《しんしょう》を悪くするので注意しましょう。

私の場合、手土産を選ぶときに大事にしているのは、**商品やお店に「ストーリーがある」こと。**たとえば、「新撰組《しんせんぐみ》に縁《えん》のある老舗和菓子屋のカステラ」とか「皇室御用達《ごようたし》で、門外不出《もんがいふしゅつ》のレシピで作られるちりめん山椒《さんしょう》」という具合です。

フレンチレストランでワインを飲むときも、ソムリエから「このワインは代々フランスの王室で愛飲《あいいん》されてきたもので……」なんて説明があると、さらにおいしく感じるように、手土産もまた、ちょっとした説明があるとより一層ありがたくなるものです。

もうひとつ大事にしているのは「量より質」。少なくても、上質でおいしいものを贈るようにしています。

ごくたまに、大箱に入った煎餅《せんべい》、クッキー、チョコレートの詰め合わせをいただくことがありますが、これはもう見るだけで辟易《へきえき》します。カサだけは大きいけど、中身がない手土産だったら贈らないほうがマシでしょう。

手土産や贈り物は、送った人自身の人間性が垣間見《かいまみ》えるので、軽視せず、キチンと選ぶよう心がけてくださいね。

しかし、忙しくてどうしようもないときは、そう悠長《ゆうちょう》なことを言ってはいられません。やむなく空港や駅で買うこともあるでしょう。

そういうときに役立つのが風呂敷《ふろしき》です。

買ったときのままの紙袋ではなく、風呂敷を開いて手土産を渡すと、丁寧《ていねい》な感じを受けますし、間に合わせ感が緩和《かんわ》されます。

風呂敷は荷物になりませんので、いざというときのために、バッグの中にしのばせておくと便利です。


ところで、これまでにいちばん喜ばれた贈り物はというと、意外と思うかもしれませんが、食べ物ではなくお線香《せんこう》です。

某有名ホテルの社長のお父様が亡くなられたことをあとから聞き、葬儀《そうぎ》では何もできなかったので、京都に行った際、老舗の香《こう》の店で線香を買って贈ったところ、今までにないほど喜んでいただきました。

私自身、父が亡くなったときがそうでしたが、大事な人を失い、心にぽっかり穴が空いているときほど、人の優しさが染みるものなんですよね。

心の隙間《すきま》を狙ってしたことではありませんが、その後、信頼度が増したことは言うまでもありません。

茶坊主じじいが「地固め戦法」を行っているのを見ると、若い世代には「ただの媚び」にしか見えないかもしれません。

しかし一流のホステス、優秀な営業マン、敏腕《びんわん》編集者も、高確率でこの「地固め戦法」を使っているといったらどうでしょう？ 軽視はできないですよね。

こういったことを敬遠する若者が多いからこそ、いち早く抜きん出て実践し、上司の信頼と寵愛《ちょうあい》を手に入れてください。

じじいの「乗り換えどき」を見逃すな

「地固め戦法」といった見習うべき点を持っていたとしても、若い世代にとって、茶坊主じじいはやはり大嫌いな存在であることに変わりはないでしょう。私自身も、人によって態度を変える茶坊主じじいは苦手ですし、反面教師にしている部分も多々あります。

こと、損得勘定だけで人とつきあう様《さま》は、義理人情を重視する私にとって眉をひそめたくなります。

しかし、仕事をしていくなかで、「そんな青いことばかりは言ってはいられない」ということを、女性週刊誌の記者時代に身をもって知りました。

前にもちらりと触れましたが、私は女性週刊誌の記者をほぼクビ同然で辞めています。新任上司Bと合わなかったのが主《しゅ》たる原因ですが、**「じじいの乗り換えがうまくできなかった」**ことも大きく影響しているように思います。

私は前任上司Aに記者として一人前にしてもらったこともあり、上司Aイズムがいつまでも抜けず、上司Bが来てからも「私の上司はAしかいない」と頑《かたく》なに思っていました。

ここが問題なのです。

上司Aがいくら素晴らしい人だったとしても、別の部署に行ってしまえばそれまで。権力はすべて新任上司Bに移るワケです。私はそれを知りつつも、上司Aへの忠誠心を捨てられず、上司Bから疎《うと》まれ、結局、職を失いました。いやはや、ホントに青かったというか、幼かったです。

義理人情を重んじるのは大事なことです。しかし、職場ではそれが命取りになることがあります。茶坊主じじいのように、「今、誰が一番の権力者なのか」を冷静に見極め、今まで忠誠を尽くしてきた上司が力を失っていることが明確だとわかったら、新たな権力者に乗り換えることも考えなくてはなりません。

大企業になればなるほど、人事異動は激しく、ときにはどうしようもなく合わない上司の直属になることもあるでしょう。前任上司が良ければ良いほど、その亡霊を追いかけてしまい、新任上司になかなか懐《なつ》けなくなります。

しかし、**ここで情に流され、「じじいの乗り換え」に失敗してしまうと、未来への道は閉ざされてしまいます。**特に社内で派閥《はばつ》があるときは、「人間性がいい」「気が合う」だけで付く人を選ぶと、往々にして失敗します。

「保身」といってはそれまでですが、組織に身を置く以上、避けては通れない道なのです。

ここで気をつけなくてはいけないのが、**新たなじじいに乗り換えたあとの「前の権力者」に対する態度**です。掌を返したような、「はい、おしまい」的な冷たい対応は、何があってもしないでください。

なかでも、年賀状をはじめとする季節のあいさつ、お中元やお歳暮といったものは必ず継続するようにしましょう。こうしたものをいきなりやめると、「アイツ、寝返りやがって……」と反感を抱かれるからです。

組織ではいつ何時《なんどき》に内戦が起こり、権力者が入れ替わるかわかりません。前の権力者とは「いざ」というときのために、ほどよい距離を保ちながら、完全には縁を切らないようにしましょう。

権力者をヤドカリのように渡り歩く茶坊主じじいの様は、けっして尊敬に値《あたい》するものではありませんが、このように自分自身に置き換えると、全否定できなくなりませんか？実際、自身が経験するとなおさらそう思うはず。

そのホンのちょっとの許容こそ、実は「茶坊主じじいリテラシー」の最大の秘訣《ひけつ》なのです。

茶坊主処世術

もみ手
親しみを込めて
土下座
プライドを捨てて
土下座上級
ゴツン
ゴツン
自虐的に
私なんて
私なんて
茶坊部長はアレでここまで登りつめた男よ・・・
ニヤリ
もういいから!

第五章

「9時5時じじい」リテラシー

やる気がない
仕事が遅い
仕事ができない
あと1分
ユーラユーラ
外出先からなかなか戻ってこない（さぼっている）
ものごとの優先順位がつけられない
与えられたことしかやらない

【9時5時じじい】与えられた仕事以外はせず、就業時間中にパソコンゲームに熱中したり、「外出する」と言っては喫茶店やパチンコ屋に入り浸《びた》る。それでいて定時になると、「待ってました!」とばかりにとっととタイムカードを押して帰宅する。

ハッキリ言って給料ドロボーそのもの。肩書きはせいぜい「部長補佐」止まりで、リストラがあればまず最初に有力候補になるのがこのじじいです。

暇な時間をどう潰すかがいちばんの目的であり、何をするにも動きが緩慢《かんまん》です。思わず「自分でやれよ」と言いたくなるようなどうしようもない依頼を年中し、それを断ると「アイツはダメなヤツだ」と吹《ふい》聴《ちょう》する危険性もあるので注意が必要です。

仕事ができないくせに自己顕示欲はそれなりにあって、ブログやツイッター、フェイスブックといった会社以外の「表現の場」を持ち、それが自慢でもあります。

全じじいのなかではもっともリテラシーがむずかしく、「危険物取扱注意じじい」です。

9時5時タイマー

正面の席の薄田さんはやる気がない
唯一役に立っているのは
そろそろ5時か…
ポッポー
時計がわり

仕事をしないのに「部長補佐」「課長代理」

少ない仕事量でいかに時間を潰すかが目下《もっか》の目標。仕事に対しては常に省エネモードで、与えられた仕事以外はけっしてせず、やる気のかけらもありません。「サービス残業」という言葉とは無縁のじじい、それが「9時5時じじい」です。

しかし、終業時間になるやいなやスイッチが入り、タイムカードを即座に押してとっとと退社します。5時を過ぎて仕事を頼もうと思っても、そこにじじいの姿はもうありません。

ここまでならまだ我慢はできましょう。許しがたいのは就業時間中、喫茶店や映画館やパチンコ屋で油を売っていることです。

「外出してくる」と言ったきり、数時間帰ってこないのはざら。周囲もサボっていることはわかっているのですが、「どうせ会社にいたって役に立たないんだから」と半《なか》ばあきらめモードで、注意する人は誰もいません。

では、当のご本人様もあきらめているかといったらそうでもなく、自己顕示欲だけはいっちょまえにあって、ブログやツイッター、フェイスブックといった「会社以外の場」

ではやる気を出して、思いきり自己表現をしていたりします。

偶然にもツイッターのアカウントを見つけ、のぞいてみたら、就業時間中に偉そうなことを3分おきにつぶやいているなんてことも……。

え？　思い当たるヤツがいる？

そう、どんな会社にもいるのが9時5時じじい。そして、**大企業になればなるほど、このじじいの発生率は高まるのです。**

そいつのことは思い出したくもないし、同じ空気を吸うのも嫌。イライラするから、できることなら目の前から消えてほしい。クサいものには蓋《ふた》、ウザいものには目隠し、9時5時じじいには棺桶《かんおけ》。と、そんなふうに願うほど、嫌で嫌でたまらない。そのお気持ち、痛いほどよくわかります。

しかし、嫌いだからといって避けつづけるワケにはいきません。彼には年功序列のお情けでもらった「部長補佐」とか「課長代理」といった肩書もついているじゃありませんか。

死ぬほど大嫌いであっても、9時5時じじいは同じ会社の先輩（ときとして上司）だってことを忘れないでくださいね。

「キレる」「無視する」ではリテラシーが足りません

とはいえ、「嫌い」という感情はそう簡単に消えるものではありません。血気《けっき》盛んな若い世代は感情がストレートですから、むかついて思いきり無視してしまったり、なかにはこらえきれずケンカしてしまう人も少なくないはずです。

でもそれって、実はすごく損なことなんです。ほら、よく態度の悪いタクシーの運転手にキレて、大ゲンカする人がいますよね。そういう姿をはたから見ると、「あ〜、バカだなあ〜」と思ってしまいます。

だって、箸《はし》にも棒にも引っかからないダメ人間相手に本気で怒ったって無意味じゃないですか。そんなところでパワーを使って嫌な気分になるんだったら、車内に設置してあるアンケートに苦情を書くとか、お客様センターに電話したほうがずっと建設的です。自分の手を汚さずとも、確実に成敗《せいばい》してもらえますから。

9時5時じじいにキレるのもまたこれと同じこと。言葉もまともに通じないじじいに本気になってキレるといった行動は、**あなたをじじいと同等の低レベルで器《うつわ》の小さい人間に見せてしまいます。**

それだけでなく、いくらやる気がなくて仕事もできなかろうが、同じ会社の人間として、9時5時じじいとは仕事のやりとりをしなければならないのです。関係が悪くなっては、自分の仕事にも多大な支障《ししょう》が出てきます。

9時5時じじいごときに会社員人生を狂わされるなんて、あまりにももったいないじゃないですか。残念なことにならないためにも、しかと9時5時じじいの対処法を学びましょう。

「じじいを変える」のではなく「自分が変わる」

「9時5時じじいリテラシー」は、大きく分けて2つあります。

ひとつ目は、「好きなフリをする」こと。

私もラジオレポーター時代にどうしても合わない上司がいたのですが、嫌いすぎて目を合わせることすらできませんでした。

その上司はまったくやる気がなく、まともに対処すると腹が立つので、はなから見えない人間、つまりは透明人間だと無理やり自分に思い込ませ、ほぼ無視する形でやりすごしていたのです。

しかし、それでは結局、お茶を濁《にご》すだけで解決に至ることはありません。それどころか、こちらの「イヤイヤオーラ」が相手にも伝わり、人間関係がますますギクシャクするばかり。

悩んだ末に私がとった行動は、演技をすることでした。「私は女優」と自分に思い込ませ、「好きなフリ」をしたのです。

顔には満面の笑顔を浮かべ、思いっきり明るい声であいさつ。このとき、相手に無視されてもムッとするのをこらえ、ただひたすら「あなたのことが好きですオーラ」を全身から放ちながらあいさつしつづけました。

最初のうちは無視されたり、お愛想《あいそ》なしの会釈《えしゃく》程度でしたが、私の蛇《へび》のような執念《しゅうねん》深さに根負《こんま》けしたのか、次第に上司も声を出してあいさつをしてくれるようになりました。

その後、あいさつを毎日くり返していくうちに、自分のなかの「死ぬほど嫌い」だと思っていた感情も収まり、ごく普通にその上司と接することができるようになったのです。

仕事がスムーズに進むようになったのは言うまでもありません。

この一件で私は、相手を変えることはむずかしいけれど、自分を変えることは意外とたやすい。そして**自分が変われば、相手も徐々に変わる**ということを実感しました。

9時5時じじいを変えようなんてことは、はなから考えないでください。となると、自分が変わるしか方法はありません。

これが他のじじいと大きく違うところです。どんなテクニックもあまり効かない9時5時じじいには、**「自分を変えること」そのものがリテラシーになるのです。**

しかし、若い世代に「自分を変える」と言うと、反発心を抱く人が多いようです。それは、「負けたような気がして悔しい」という思いがあるから。私もそうでしたからよくわかるのですが、そんなつまらない意地はとっとと捨てたほうがいいでしょう。

「自分を変える」といってもしょせんは演技ですし、魂まで売るワケじゃないですからね。

ここはひとつ、一人前の社会人になるための修業だと割り切って、好きなフリをしてください。たったそれだけのことで、すべてがうまくいくのです。

本当に仲良くなるのはキケン、距離を置け！

演技とはいえ、なんとか9時5時じじいと円滑《えんかつ》なコミュニケーションが取れるようになると、メンタル的にもだいぶ楽になりますよね。

じじいにとっても、自分に話しかけてくれる部下は唯一無二《ゆいいつむに》に近い存在ですから、やたらと尻尾を振ってすり寄ってくるようになります。

「なつくんじゃねえよ」と言いたいのをこらえ、顔にはエセの笑顔。「そうだよな。コイツだって一応先輩だし、構ってやんなきゃいけないよな」と思い、言われるがままにじじいの誘いに乗る……。

一見、素直で心優しい部下の鑑《かがみ》のように見えますが、この行動にはちょっとしたリスクがあることを忘れてはいけません。

たしかに9時5時じじいは先輩ではありますが、しょせんはオフィスの鼻つまみ者。みんな、口にせずとも嫌いであることに変わりはありません。

ですので、必要以上に仲良くしてしまうと、あなた自身も9時5時じじいと同類に見られ、社内での評価が下がってしまう危険性があるのです。

大事なのは「仲良くしているフリをして、仕事をスムーズに進めること」であって、本当に心を許す必要はまったくありません。

ここで、仲の良いフリをしつつ、じじいと確実に距離を置くための具体的な方法を3つ、伝授しましょう。

〈じじいとの距離の置き方①〉ノンオフィシャルな場所でのつきあいは避ける

9時5時じじいの楽しみといえば、終業後の社外活動。

すでに会社から戦力外通告を受けているので残業することなどまずなく、4時を過ぎた頃からソワソワしはじめ、4時半頃には「今日一杯どう?」と近寄ってきます。

ここでうっかり仏心《ほとけごころ》を出し、いそいそと飲みに行くのは絶対にやめましょう。オフィスのなかだけならともかく、飲みにまでつきあうとなると、周囲は「プライベートで飲みに行くほど仲がいいんだな」と思い込みます。

一度ついたイメージはなかなか消えませんので、ここはひとつ勇気を持って、じじいの誘いを丁重《ていちょう》に断ってください。

断る理由は仕事がいちばん。たとえば、「しばらくの間、かかりきりになりそうな案件に関わっていまして……」「クライアントからかなり厄介《やっかい》な直しが入りまして、予想できないくらい時間がかかりそうなんです……」といった具合。

いかにも残念そうなフリをして断れば、じじいは微塵《みじん》も疑うことなく「そうか」と立ち去ります。

注意したいのは**「今日はダメ」などと日付を限定しないこと**です。

単純なじじいは「今日がダメでも明日は大丈夫だろう」と勘違いしますので、断定的な言い方を避けつつ、しばらくはその仕事にかかりきりになりそうな雰囲気を漂《ただよ》わせてください。

コミュニケーションを取るのは大いに結構ですが、このじじいの場合はオフィスのなかだけで十分です。プライベートエリアにはキチンと「結界」を張り、じじいを寄せつけないよう心がけてください。

〈じじいとの距離の置き方②〉自分の情報はできるだけ明かさない

2つ目の方法は、仲良くしつつ、自分の情報はできるだけ明かさないこと。人は、相手のことを知れば知るほど親近感を抱くものです。なので、9時5時じじいには、学歴や家族構成、住んでいるところといった必要最低限のこと以外は話さないようにしてください。

特に、恋人や仕事の悩みといった、親しい友人に話すような極めて個人的な情報を明かすのは危険です。家族すらからも相談をされたことがない9時5時じじいは、そうした話を聞くなり、「心を許してくれた」と勘違いします。社内に言いふらすようなことこそしませんが、やたらとなつき、亡霊のようにつきまとってきます。

この手のじじいは、一度甘い顔をしてしまうと際限なく甘えてきます。それをすべて受け止めてしまうと、周囲から同種として扱われるだけでなく、仕事にも支障をきたすことになるので注意が必要です。

万が一、立ち入ったことを聞かれた場合は、こんな具合に切り返しましょう。

「○○君は彼女いるんだろ?」

「いやー、僕なんてダメですよ。それより、薄田《うすた》さんが僕くらいの年の頃はどうでした? モテたんじゃないですか」

ポイントは、**最初に軽く否定したあと、じじいに同じような質問を振り、笑顔を浮かべながら真相を煙《けむ》に巻くことです。**

ふだん人に話を振られることがめったにない9時5時じじいは、嬉々《きき》として自分のことを語ってくれるはず。また、じじいの話をじっくりと聞いてあげるフリをすることで、じじいは大きな安心感を抱き、さらなる信頼を寄せてくるようになります。

〈じじいとの距離の置き方③〉会話のなかに「敬語ちょい崩《くず》し」を混ぜる

私は「コイツとは思いっきり距離を置いてつきあいたいな」と思うと、慇懃無礼《いんぎんぶれい》なほど丁寧にその人と接します。苦手な人には自分のテリトリーに入ってきてほしくないため、敬語や凛《りん》とした態度をもって見えないバリアを張るのです。

その反対に、「この人とは仲良くしたいな」と思うと、敬語は保ちつつも、少しくだけた感じで話します。一見、目上の人には敬語をまったく崩さないほうがいいと思われるかもしれませんが、実は違うのです。

例を挙げてみましょう。

「今回の企画についてですが、薄田さんとしてはどのようなご意見をお持ちでしょうか?」

いかにも礼儀正しい部下という丁寧な言い回しですが、だいぶ距離を感じます。

それに対してこちらはいかがでしょう?

「今回の企画ですけど、薄田さんはどう思われます?」

前者に比べると、少々くだけた分、親近感を感じませんか? それでいて敬語は崩していないので、悪い印象を与えることはまずありません。

9時5時じじいとの会話には、**この「敬語ちょい崩し」を混ぜてください。**そんな言葉遣《づか》いをしてくれる部下や後輩などいないので、じじいは若者に相手にされていると感じて嬉しく思います。

でも、あまりに多用すると距離が縮まりすぎてしまうので、じじいの反応を見ながら、さじ加減を調整しましょう。

じじいを「研究」する目的

さて、ここまで読んで「やれやれ……」とひと安心したいところですが、間髪《かんはつ》いれずにもうひとつの対処方をマスターしなければなりません。

好きなフリをして良い関係を築いたら、**今度は「じじいを研究する」といった少し高度なリテラシーを身につけてほしいのです。**

これは、作家の渡辺淳一《じゅんいち》さんからヒントをいただいた方法です。

あるラジオ番組で、渡辺さんは自身の体験をもとに嫌なじじいの対処方法を語っていたのですが、それはもう「完璧」のひと言でした。

渡辺さんがまだ若く医師だった頃、「とにかくイバっていて、感じの悪い上司がいた」

のだそう。そのじじいは医局中で嫌われていて、渡辺さんは次第に「**どうしてそんなふうになってしまったのか？**」と疑問を抱くようになりました。

そして、究極の嫌われ者になった経緯《いきさつ》や原因を突き止めるべく、渡辺さんは自らすすんでその上司に近づき、両親や兄弟といった家族構成、そして幼い頃の話を聞き出したのです。

渡辺さんとしては、自らの好奇心に突き動かされた行動にすぎなかったわけですが、上司は自分のことをいろいろ聞いてくれる渡辺さんのことを「かわいい」と思ったのでしょう。その後、その上司はすっかり渡辺さんになつき、なにかと目をかけてくれるようになったそうです。

媚《こ》びるワケでもないのに、誰もが嫌がるじじいをなつかせてしまう。何事にも研究熱心なことに加え、懐《ふところ》の深さが幸《さいわ》いしたに違いありません。思わず拍手を送りたくなるハイレベルのじじいリテラシーは、「さすが天下の渡辺淳一！」といったところですよね。

渡辺さんは自身の行動のことを「研究」と名づけていましたが、これは9時5時じじいにもピンポイントで有効な手法です。

もちろん「なつかせる」ことも重要ですが、いちばんの目的は、研究によって「どうしてそんなふうになってしまったのか？」といった原因を探ること。

・どうしてそんなにやる気がないのか？
・どうしてそんなに仕事ができないのか？

このふたつを解明することで、自らの長いサラリーマン人生において、**「会社」と「仕事」の本質を理解して、じじいを反面教師にしながら生きることができるようになるのです。**


9時5時じじいは、最初からやる気のない人物だったのでしょうか？

もちろん、個人の資質の問題も大きいと思いますが、私は組織の仕組みがそういった人物を生み出してしまっていると思えてなりません。

若い頃はやる気があったのに、年功序列や終身雇用といった会社のシステムや、「チャレンジして失敗することより、何もチャレンジしないことのほうが評価される」といった企業風土によって、年々やる気を削《そ》がれていき、気づいたらまったくやる気のない9時5時じじいになっていた――そういった側面はないでしょうか。

事実、大企業になればなるほど9時5時じじいの割合が増えることが、そのことを物語っているように思えます。

「行動分析学」という学問では、仕事や人間関係がうまくいかないときに、その原因を他人や自分の性格、やる気や適正のせいにして、その背後にあるもっと深い原因に目を向けないことを、「個人攻撃の罠《わな》」と呼びます（参考文献『パフォーマンス・マネジメント』島宗理著／米田出版）。

じじいにばかり責任を押しつけていては、ものごとは一向に改善しません。

9時5時じじいをよく研究することで、個人攻撃の罠から脱却し、もっと幅広く深い「視点」を身につけることができるようになるのです。

それは、自分が9時5時じじいにならないためだけでなく、**将来、自分が管理職や経営者になったときにも必要となってくる視点です。**これからの若い世代には、9時5時じじいが生まれてしまう原因を解明して、**どんどん会社組織を変革していってほしいのです。**

そのための「じじいリテラシー」でもあります。

仕事ができないのに、自分では「仕事をしたつもり」

さて、じじいを研究することによって会社というものがわかってきたら、つぎは「仕事とは何か?」ということについても学んでいきましょう。

「学ぶ」というと、「仕事ができる人」ばかりを師と仰《あお》ぎがちですが、実は「仕事ができない人」、つまりは9時5時じじいからも学ぶべきことは大いにあるのです。

仕事ができないのに、自分では「仕事をしたつもり」でいるのが9時5時じじい。まわりの人間に迷惑ばかりかけているのに自覚ナシ。それでいて代理や補佐とはいえ肩書も持っているのですから、まったくもって困ったものです。

ここでは代表的な4つの「仕事をしたつもり」状態について解説していくので、ここはもう反面教師にして、自分の仕事に役立てていきましょう。

〈仕事をしたつもり①〉手段が目的化している

プレゼンテーションの資料を見栄《みば》えよく、効果的に作ることができるパワーポイントは、今や仕事に欠かせないソフトとなっていますよね。

広告代理店やＩＴ企業の企画会議に参加すると、資料のほとんどがパワーポイントで作成されていて、玄人《くろうと》はだしの企画書は「作品」と言ってもいいほど。

そうした完成度の高い企画書を見るたびに、アナログ人間の私は感心するばかりなのですが、会議のあとにふと思うのが**「今日のパワポの内容って、ワードで十分なのでは？」**ということ。

ひがみに聞こえるかもしれませんが、文章や口頭であればひと言ですむことを、わざわざパワーポイントを駆使《くし》し、回りくどく説明しているような気がしてならないのです。

そうした類《たぐい》の企画書は大抵が頭に残らず、ほとんどが原稿の試し刷り用の紙としてお役目御免《ごめん》となります。

そもそも企画書は、アイデアや自社の商品をプレゼンテーションするための単なるツール。本来の目的は「仕事を受注すること」です。しかし、そういったことをすっかり忘れ、**「企画書を作成すること」自体が目的になってしまっているのです。**

パワポの話はわかりやすい例ですが、こういった「手段の目的化」は、9時5時じじいの仕事ぶりに特に目立ちます。というより、9時5時じじいの仕事はもうほとんどがそうなってしまっているのです。

少し前になりますが、私はあるじじいの雑誌編集者から、1文字オーバーした文章を指定の文字数におさめるように言われました。それも、締め切りを3つ抱えている忙しいときに。

でも、たかだか1文字だったら、なにも私に頼まずとも、句読点を削除するなり開いた文字を漢字にするなどして、自分の判断でできることです。で、そうしたあとに、「こうしましたが、よろしかったですか?」と報告・確認すればいいだけの話です。

これも完全に「手段が目的化」してしまった例ですよね。

そのじじいは作家の原稿を尊重しているからそうしているわけではけっしてなく、ただ単に「読み手に伝わる原稿にする」という本来の目的を忘れ、「原稿を指定の文字数にすることを目的としてしまっているだけなのです。

案の定、この編集者は他の人に対しても同様の対応をしており、みんな口をそろえて「アイツは使えない」と吐《は》き捨てるように言っていました。

他にも、「企画のための資料を集めるだけ集めてすっかり満足してしまう」など、手段が目的化してしまっている例には事欠《ことか》きません。

〈仕事をしたつもり②〉本質からズレたことに注力している

「オレたちの仕事は酒を飲んでなんぼのもんだ」

こんなセリフを耳にしたことはありませんか？　私も雑誌の記者時代にそうしたじじいたちを目《ま》の当たりにしたものです。

編集者である彼らは、毎晩仕事を早々に終わらせると、連れだって夜の街へと消えていきます。私もちゃっかりついて行ったことが何度もありますが、ハッキリ言ってしまうと「ただの飲み会」で、一度たりとも企画の「き」の字が出てきたことはありませんでした。

しかし彼らからすると、「編集者は酒を飲むことが仕事」なので、ただの飲み会であっても、高額な領収書を切って涼《すず》しい顔をしています。そして翌日は、「昨日は遅くまで仕事だった」とか言って、昼過ぎ、ヘタをしたら夕方に堂々と出社してくるのです。そしてまたその晩も夜の街に消えていく……。実労時間はたったの数時間。これも立派な9時5時じじいではないでしょうか。

私はこういった行動にずっと違和感を覚えていました。

たしかに、人脈や見聞《けんぶん》を広めるために、いろいろな業界の人と飲むことは大事でしょう。それは私も認めます。

ただ、そういった明確な目的が、いつの間にか「酒を飲むことが仕事」という免罪符《めんざいふ》となり、キャバクラとスナックの梯子《はしご》といった馴《な》れ合いも「仕事」として認めるようになってしまったのです。

私は、まったくお酒を飲まずに優秀な成果をあげている編集者を何人も知っています。彼らは「仕事」と「仕事をしたつもり」の差がわかっているので、**毎晩馴れ合いの飲み会を開いて、「俺は仕事をしているゼ！」みたいな顔をすることはけっしてありません。**

あくまで結果としての「誌面」や「企画」、そして「売上」で、自分の仕事を評価しています。

9時5時じじいのように本質からズレたことに注力していると、仕事のスキルが上がることも成果をあげることもないまま、あっというまに時間だけが過ぎ去ってしまいます。若い人は気をつけてくださいね。

〈仕事をしたつもり③〉俗説《ぞくせつ》を信じきっている

「ニッパチ（2月と8月）はモノが売れない」というセリフを聞いたことがありますか？有名な俗説で、メーカーの方なら一度は耳にしたことがあるはずです。

では本当にそうかといえば、そういうわかりやすい時代もあったのかもしれませんが、消費者の嗜好《しこう》や行動様式が多岐《たき》にわたる現在となっては、売れるときもあれば売れないときもあるとしか言いようがありません。

しかし、じじいはそうは考えません。そういった昔からの俗説を信じきっていて、売り上げが悪かったりすると、

「やはりニッパチはダメだな。時期が悪い」

などと偉そうに言ったりするのです。

はっきり言って思考停止。時代の移り変わりを加味《かみ》したり、本当の原因を探ることなどまったくせずに、また同じ失敗をくり返します。

これを仕事をしたつもりと言わずして、なんと言えばいいのでしょうか。

サッカーの試合を見ていると、「アフリカの選手は身体能力が高いですからねー」「シュートで終わらないとダメですよ」といったセリフが解説者の口からほぼ100%出てきますが、私には「解説したつもり」にしか聞こえません。

少しは自分の頭で「ホントにそうなのか?」と考えてもらいたいものです。

〈仕事をしたつもり④〉 仕事の優先順位がつけられない

これもまた仕事ができない人の典型的なパターンです。仕事の優先順位がつけられない人にデキる人はいないと言っても過言ではありません。

もちろん、9時5時じじいもそのひとり。

たとえば、取引先へのクレーム対応と経費精算のふたつが選択肢としてあったとしましょう。この場合、言うまでもなく前者が緊急を要しており、何よりも先に対処しなくてはいけない案件ですよね。

なのに、**9時5時じじいは後者を「先に取りかかっていた仕事」という理由だけで優先させてしまうのです。**

臨機応変な対応ができないので、あとから来た用件は内容にかかわらずすべてが後回し。その融通《ゆうずう》のきかない行動によってじじいに関わる多くの人に迷惑がかかるのですが、当人はそんなこと知らぬ存ぜぬだから困ったものです。

ここでの最大の問題点は、**主軸となる部分が「会社」ではなく「自分」になっていること。**ほんの少しまわりのことを考えれば、何を優先したらいいかぐらいはすぐにわかるはずですが、じじいの頭からは「仕事の基本はチームワーク」という概念が完全に抜け落ちているため、周囲のことがまったく見えていないのです。

早い話が自分勝手で、協調性ゼロ。もうひとつオマケに思いやりもゼロ。こうなってしまうと、もうお手上げです。

私がよく知る典型的な9時5時じじぃは、締め切りの直前にもかかわらず、いきなり自分の引き出しをかたづけはじめたことがあります。

汚れ具合が目に入り、いてもたってもいられなくなったのでしょう。無論、原稿はそっちのけ。周囲が待っているのを一向に気にすることなく、朝までかかって引き出しをかたづけていました。

ここまでくると優先順位の問題というより、オツムを疑ってしまいますが……。

いかがでしょうか?

ここに挙げた例以外にも、「会議のための会議をする」「過去の成功体験にとらわれている」といった「仕事をしたつもり状態」は、いくらでもあります。

とはいえ、日々忙しく働いていると、目の前の仕事でいっぱいいっぱいになってしまって、仕事の本質をつい忘れてしまうこともあるでしょう。

若いうちならまだしも、**年齢を重ねると、注意してくれる人はほとんどいなくなってしまいます。**そうなると成長はまず望めません。

9時5時じじいの行動にイラッとして目をそむけるのではなく、ダメ社員のサンプルとして研究し、自分に当てはめて考えてみることで、反面教師としてさらなる成長をうながす——そう考えれば、9時5時じじいとの出会いも無駄にはならないのです。

9時5時じじいの「処方箋《しょほうせん》」

さて、以上のように、9時5時じじいに対しては「好きなフリ」をしながら「研究」するのがリテラシーだというお話をしてきましたが、どちらも効果が出るまでに少し時間がかかります。

日々、仕事で9時5時じじいと接している人間としては、「もっと即効性のあるリテラシーを教えてよ!」と言いたくなるところでしょう。

そこで最後に、できるだけ9時5時じじい相手にイラッとしないための「処方箋」を簡潔に4つ挙げたいと思います。

ポイントは、「じじいの生態を徹底的に把握する」こと。

〈①夕方に仕事を振らない〉

終業時間の5時ジャストにタイムカードを押すことに命をかけている9時5時じじいは、4時を過ぎた頃からソワソワと落ち着きません。

そんなときに仕事を振ったり仕事の相談をしても、まともに取り合ってもらえないどころか、足蹴《あしげ》にされるだけです。仕事の依頼や相談事は、**午前中の早い時間帯か、お腹の満たされた昼食後にしましょう。**

このとき、誰がどう見たって暇を持て余していたとしても、「お忙しいところ失礼いたします」とひと言前置きするのを忘れないように。

そのひと言によって、「ちっとも忙しくないダメな上司や先輩にまで敬意を払うことができる懐の深い部下」というイメージを周囲にアピールすることができます。

〈②大事な用件はメールと口頭のダブルで〉

9時5時じじいは、仕事と関係のないサイトは見るくせに、仕事に関するメールはまったくといっていいほど見ません。仕事の報告をメールでしたからと安心していると、大抵は「聞いてない」ということになります。

大事な用件は、メールに加え、必ず口頭でも伝えるようにしてください。

普通のじじいであれば口頭だけの報告でも十分なのですが、このじじいの場合、聞いたことすら覚えていないことが多いため、万が一に備え「メールで証拠を残す」ことが重要なのです。

「証拠」なんていうとなんだかいやらしいような気もしますが、これも保身のため。じじいのミスを被《かぶ》って信頼をなくしてしまうなんてバカらしいじゃないですか。身を守るための盾《たて》に、多すぎるということはないのです。

〈③感性ではなく数字で訴《うった》える〉

「感性」という言葉と無縁の9時5時じじいが信じるものといえば「データ」です。これは9時5時じじいに限ったことではなく、頭が固く、「新しいことをやろう」とする意欲が微塵《みじん》もない電池切れのじじいにも共通すること。

ホコリをかぶった自分の感性に自信がないじじいたちは、売上や業績の数値を頼りに結論を出すしかないんですね。

9時5時じじいにとって、データは大きな指針。主観的に思われがちな感性や感情で訴えるのではなく、**客観的に見えるデータをもって勝負に挑みましょう。**

たとえばこんな感じです。

「弊社のブランドを支持する女性の平均年齢は32・2歳。うち75％が独身者です。国税庁による年収データを見ますと、同世代の女性の平均年収が３０１万円なのに対し、彼女たちの平均年収は６００万円と実に倍です。そこで今秋は、そうした富裕層のシングル女性に向けて、ワンランク上の新ブランドを構築したいと思っています。売上目標は5億。まずはシングル率が一番の東京を中心に展開していきます」

どうです？　数字が入ると説得力がありますよね。

では反対に悪い例を挙げてみましょう。

「現場の人間に聞くと、我が社のブランドの顧客はほとんどが独身者のようです。シングル女性は既婚者に比べると自由になるお金がかなりありますので、今秋はそうした富裕層の女性をターゲットにした新ブランドを展開したいと思っています」

言いたいことはわかるけど、インパクトに欠けると思いませんか？　同世代であればこうした曖昧《あいまい》な言い方でも通用するかもしれませんが、世代も感性も違うじじいにこれを「理解しろ」と言うのは、そりゃあ無理というもの。

今はネットで簡単にデータが得られる時代です。新しい企画を提案するときは、事前にできるだけ多くのデータを集めておきましょう。

数字でじじいの目を眩《くら》ませ、もとい、じじいを安心させれば、仕事が格段にスムーズに進むようになります。

〈④仕事を断る勇気を持つ〉

前述したように、9時5時じじいは人に頼むまでもない小さな雑用レベルの仕事をわざわざ振ってきます。イラッとしながらも、つい受けてしまうという方がほとんどなのではないでしょうか。

しかし、なんでもかんでも受けていると、じじいは図に乗り、その後どうしようもない雑用をエンドレスで振ってくるようになります。そうなると貴重な時間を雑務に取られ、本来の自分の仕事がおろそかになってしまいます。

こうした悪循環を防ぐ方法はたったひとつ。**「断る」しかありません。**

じじいの命令を断るのは非常に勇気が要《い》ることですが、それをしない限り一生「雑用奴隷《どれい》」のままです。じじいの機嫌を損ねず、かつきっぱりと断るためには、**「自分の現状を伝え、仕事の優先順位をじじいに聞くこと」**が有効です。

たとえて言うならこんな感じ。

「実は明日が締め切りの仕事を抱えていまして、いっぱいいっぱいなのですが、薄田さんに依頼されたこととどちらを先に対処したらよろしいでしょうか？」

いかがでしょう。こういう物言いを部下にされたら、さすがの9時5時じじいとて引き下がるしかないでしょう。

ここでポイントとなるのは、**「判断をじじいに委《ゆだ》ねる」**こと。

遠回しに断っているのですが、表面上は仕事の優先順位を聞いているだけなので、じじいとしても文句が言えないのです。

急用の仕事がない場合は、さしつかえのない程度であれば、ウソをついてもかまわないと私は思います。ただし、親戚縁者を入院させたり殺してしまうのは御法度《ごはっと》。忘れた頃に「そういえば叔母《おば》さんの具合はどうだ?」と聞かれ、泡食《あわく》ってバレてしまったなんてことになりかねませんからね。

たとえば、「母親を法事に送っていかなければならない」「家族が旅行中なので、ひとり暮らしの祖母に食事を届けなければならない」といった家庭の事情であれば、角《かど》も立ちません。

いずれの場合も、じじいを立てつつ、毅然《きぜん》とした態度でハッキリと断りましょう。

さて、こうして改めて9時5時じじいの生態を見てみると、いかに面倒かということがよくわかります。こうなると、もう半ばゲーム感覚で対処していかないとやってられませんよね。

でも、そのくらい肩の力が抜けていたほうが、余裕があるように見えていいんです。「あいつ、若いけど大物だな」とまわりの人間に思わせたらしめたもの。将来の上席は約束されたも同然です。

他のじじいと同様に、このじじいも使いようなのです。

うつむきじじい

あ、そうそう、最後に9時5時じじいの成《な》れの果てについても話しておかねばなりませんね。このじじいの最終進化型は、その名も「うつむきじじい」。

会社から見放され、行き着いた先は窓際《まどぎわ》。日当たりがやたら良い席で電線に止まった鳩《はと》をぼんやりと見つめたり、昼寝をしたり、じっくりと時間をかけて新聞やマンガ雑誌を読んだりと、ありあまる時間をそれはもうのんびりと過ごしています。

そんなじじいを見ていると、時間の流れが遅くなったかのように錯覚してしまうほど。覇気《はき》もやる気も自信もないため、出社するときもトイレに行くときも、いつも下をうつむいてゆったりと動きます。

その姿は「世界の終わりの住人」といったところ。こうなってしまえば仕事に絡《から》んでくることもありませんし、あなたをイラつかせることもなくなります。

うつむきじじいに関するリテラシーはひとつもありません。

じじいの唯一の望みは安定した老後を送るための退職金と厚生年金をもらうことです。定年まであと少しなのですから、慈悲の心をもって温かい目でそっと見守ってあげてくださいね。

9時5時 業務
営業…行ってきます
ユラ〜〜
この商品の素晴らしいところは
一粒で栄養満点なところです
な〜んてね
ホラ豆だよ
おじちゃん毎日いるね
あいつー!!

第六章
「耕作じじい」リテラシー

人望がある
いいぞ!!
思い立つと即行動
肩書きなどで人を見ない
ガッツあるな
愛妻家
社会性・協調性に富む
データや過去の事例にとらわれない

【耕作じじい】人望が厚く、「私もあんなふうになりたい」と誰もが憧れを抱く、じじい界のスーパーヒーローです。

正義感にあふれ、また誰に対しても同じ態度で接し、部下の声にも耳を傾けてくれます。そして、過去の事例に執着せず、常に新しいことに積極的に取り組んでいきます。

いくつになっても仕事に対する情熱が冷めることはなく、常にポジティブ。ときには会社の上層部に物言いをする強さも備えています。しかし真面目で真っすぐなゆえ、融通《ゆうずう》がきかないところも。一度思い込むと、なかなか考えを変えないという厄介《やっかい》な面もあります。

また、社内での人気が高いため、嫉妬《しっと》から良く思っていない輩《やから》も多く、耕作じじいと仲良くすることでやっかみを買うこともあるので注意しましょう。

仕事だけでなく、プライベートも充実。趣味はスポーツで、鍛《きた》え抜かれた体はメタボとは無縁です。「憧れの上司」として投票したいくらいの、稀有《けう》なじじいなのです。

チーム耕作

あーあーまったく やんなるぜ
サボっちゃおーーっと
がんばったって どうせ会社は 評価してくんねーし
どうした！ 元気ないな
最近がんばってた もんな！
オレは 知ってるぞ
兄貴ー!!
ずら〜っ
どうした 元気でたな

「耕作じじい」は、じじい界のスーパーヒーロー

清潔感あふれるルックスと、難儀《なんぎ》な仕事でもスマートにそつなくこなす仕事ぶりで、男女、年齢を問わず、多くの人から支持される。肩書に左右されることなく、すべての人に同じ態度で接し、ときには部下をかばって上司に意見する強さも持つ。

いくつになっても仕事への情熱は冷めることはなく、常に攻めの体勢なところがこれまたカッコイイ。上からも下からも人気があって、悔《くや》しいけど何をやらせても人並み以上。涼《すず》しい顔で出世街道をバビューンとまっしぐら。

マンガの主人公・島耕作《しまこうさく》を地でいくようなスーパーヒーロー社員、それが「耕作じじい」です。

ラッキーなことに私は、女性週刊誌の記者時代にこのタイプのじじいに遭遇《そうぐう》しました。若くしてデスク、副編集長、編集長と、とんとん拍子に出世した上司Aさんは、まさにヒーロー社員で、社内で彼の名前を知らない人はいないほどの有名人でした。

斬新《ざんしん》な企画をつぎつぎ形にするだけでなく、多くの利益を会社にもたらし、それでもおごることはない。深夜まで仕事をしていても、朝イチの撮影には一番乗りで顔を出し、

クライアントへのあいさつと部下へのねぎらいも忘れない——。

そんなこともあってか、社内はもちろん、社外の人からも大人気で、「あんな上司の下で働けてうらやましい」とよく言われました。

私の人生において、Aさんの下で働くことができたのは誇りでもあり、今でも大きな自信となっています。


さて、これまでさまざまなじじいが登場しましたが、何を置いても味方につけておきたいのが、この耕作じじいです。上からも下からもウケのいい耕作じじいを味方につけておけば、自分の株が上がるだけでなく、社内での信用度もグッと増し、任される仕事の内容も次第にレベルアップします。

つまり、耕作じじいのご加護《かご》を受けることは、出世の階段を一気に五段跳びするのと同様の効力があるってことなんです。そうとなったら、好かれるために努力しなくちゃですよね。

ポイントは5つ。これらのリテラシーをしかと身につけ、耕作じじいの懐《ふところ》にするっと入っていきましょう。

【耕作じじいリテラシー①】あきらめない行動

年を重ねてもなお、心の奥底に青い炎が静かに揺らめく耕作じじいは、多少不器用であっても、懸命《けんめい》に仕事をする部下が大好き。

そういう部下を見ると、入社当時の自分を思い出し、つい手を差し伸べたくなってしまいます。

ここでは、人材育成コンサルティングを手がける株式会社フィールワークス（FeelWorks）代表取締役であり、『勉強会に1万円払うなら、上司と3回飲みなさい』（光文社新書）、『若手社員が化ける会議のしかけ』（青春新書インテリジェンス）などの著者でもある前川孝雄《たかお》さんにお話をうかがいました。

前川さんはリクルートにて『リクナビ』『好きを仕事にする本』『就職ジャーナル』『ケイコとマナブ』など数々の編集長を務め、現在は各企業で上司と部下のコミュニケーション術を指導する、まさに「上司と部下をつなぐ」スペシャリストです（要は、前川さん自身がまさに「耕作じじい」なのです！）。

そんな前川さんに「かわいがられる部下の条件」を聞くと、**「与えられたミッションに対し、何度失敗しても達成するまであきらめないこと」**という答えが間髪《かんはつ》いれずに返ってきました。

これまで多くの先輩たちが営業をかけてもダメだった取引先に、経験の浅い新人が挑戦するなんていうのがいい例でしょう。

自身のキャパシティが30しかないのに、若さゆえの気力と体力で70くらいにまで高めようと、がむしゃらに動く。それでもやっぱりうまくいかなくて、ぶつかって、叩かれて、打ちのめされて……それでもあきらめることなく、歯を食いしばって目的を達成しようと努力する。

結果としてうまくいかなくてもいいんです。「あきらめない」という姿勢が、自身も努力を重ねてきた耕作じじいの心を深く打ち、「手を貸してやりたい」と思わせるのです。

若い世代からすれば、仕事がデキて、そつのない部下のほうがいいと考えがちですが、そうではありません。**上司としては、自分が「手を貸してやりたい」と思う隙《すき》がある部**

下のほうが、実はかわいいものなのです。

要は、要領よりも懸命さ。それが耕作じじいの心を動かします。

【耕作じじいリテラシー②】いつも素直な心で応じる

前川さん曰《いわ》く、「懸命さ」に加え、耕作じじいの心を動かすのに求められるのは「素直力」だと言います。

といっても、上司の言う通りにしろということではありません。職場内で言うところの「素直力」は少々意味が違います。

職場にはさまざまなタイプの人がいて、価値観もまちまち。仕事をしていくなかで「自分とは考え方が違う」と思う人もたくさんいるでしょう。そう感じたとき、**自分の考えをキチンと持ったうえで、異質だからと排除せず、「まずは受け入れる」こと**――。

これが、職場で求められる「素直力」です。

たとえば、仕事でミスをして上司に注意を受けたとき、言いたいことは山ほどあったとしても、まずは素直に上司の意見を聞く。それをすべて聞いたうえで、話の最後、もしくはつぎに話をするときに自分の意見を言うという形を取れば、上司だって耳を傾《かたむ》けてくれるでしょう。

しかし、注意するやいなや、「でも」「だって」と口答えされては、そりゃかわいいとは思えませんよね（これについては、「オレオレじじい」のところでも少し触れましたね）。

要は、自分の主張を後にするか、先にするかの差なのですが、この小さな差が明暗を大きく分けます。自分の考えがあるのは大いに結構ですが、「まずは受け入れる」ことを肝《きも》に銘《めい》じましょう。

かの松下幸之《こうの》助《すけ》氏でも**「素直な心でいるのがいちばんむずかしい」**と言っていたように、「素直力」を身につけるのは簡単なことではありませんが、それだけにマスターすれば最強の武器になります。

【耕作じじいリテラシー③】損得勘定で動かない

さて、昨今の若い世代といえば、先の見えない不景気や就職氷河期で厳しい目にあっているせいか、すべてにおいて損得勘定で動く傾向が非常に強いように思います。

自分のためにならないと思うと興味も示しませんし、ましてや自分の時間とお金を使って動くことはまずありません。

かつて私が一緒に女性向けサイトの制作をしていたポスト団塊《だんかい》ジュニア世代の女性・金子さん（仮名）がまさにそのタイプで、ある意味、小気味《こきみ》がいいほどでした。何事もお金、お金で、お金が絡《から》まなければ梃子《てこ》でも動かない。「仕事になるかどうかわからない人との飲み会は無意味」というひと言を聞いたときには、返す言葉もありませんでした。「今どきの子」といえばそれまでですが、人としての温かみのなさに半《なか》ばあきれてしまいました。仕事先の多くの方もそう思ったようで、なかには、「金子さんと一緒に仕事していると、葉石さんの株が下がるよ」とアドバイスしてくれる方もいたほど。

予想通り、間もなくして彼女とは疎遠《そえん》になりました。

金子さんをよく知る制作会社の社長から聞いた噂では、彼の会社をはじめ、かつて私が紹介した旅行会社にも営業をかけたそうですが、何一つ成果は得られなかったのだそう。彼女は「いつか自分の本を出したい」と言っていましたが、その夢はいまだ叶《かな》っていません。

結局、金子さんがいちばん大事なのは「自分」。「仕事が絡まないと飲まない」という姿勢を見てもわかるように、彼女は「即お金にならないことは無意味」だと考えているのです。「今」しか見えておらず、10年、20年という長いスパンで物事を考えることができないんですね。

たしかにお金は大事ですが、「まずお金ありき」「自分ありき」で動いてしまうと、人の心は動かせません。**ときには利益度外視で、「損してトク取れ」精神を持って働くことも必要です。**

たとえば、サービス残業を買って出るとか、休日返上で資料を作るといった小さなことでかまいません。自身もそうしてきた耕作じじいとしては、そういう部下を見るとグッときちゃうワケです。

【耕作じじいリテラシー④】「ありがとう」は必ず2回言う

さあ、だいぶエンジンが温まってきましたね。おつぎは効果的なお礼の言い方をマスターしましょう。

学生時代からスポーツマンでならした耕作じいは、部活で上下関係や口のきき方を厳しく叩き込まれたこともあってか、部下にも同様のことを求めます。口にこそしませんが、上司に対する態度は密《ひそ》かなジャッジ基準になっているので、普段から気を抜かないようにしてください。

日常的なあいさつや敬語は言うまでもありませんが、忘れてはならないのがお礼の言葉。**それも一回ではなく、少し時間をおいてもう一回言うのが効果的です。**

たとえば、仕事帰りに居酒屋で上司にごちそうしてもらったら、その場で「ごちそうさまでした」とお礼を言うのはあたりまえ。問題は翌日です。わざわざ上司のところに行って、「昨日はありがとうございました。久しぶりにおいしいお刺身を味わうことができました」などと改めてお礼を言うのです。

数カ月に一度くらいの頻度《ひんど》でしか会えない人でも、ちゃんとごちそうしてもらったことを覚えておいて、会ったときに「先日の渋谷の料理屋ではごちそうしていただき、ありがとうございました」と再度、感謝の気持ちを伝えましょう。

その場でお礼を言うことは誰でもできますが、お礼を2回言える人は案外少なく、だからこそ余計に印象に残るのです。

感謝の気持ちは口に出してこそ初めて通じるもの。それも1回ならず、2回伝えることで、相手は大きな満足感を覚え、「コイツ、かわいいヤツだな」と思うワケです。

私自身、幼い頃から「お礼は2回言いなさい」と親から厳しくしつけられてきたこともあり、今もなおごく自然に実践できています。

いただきものがやたら多いのも、自腹では到底行けないような高級レストランや料亭で年中ごちそうになっているのも、こうしたことが関係しているように思います。

「たったひと言」ですが、それを言えるかどうかで、与える印象も、そして人生も変わるのです。

【耕作じじいリテラシー⑤】デカい「夢」を語る

とどめとなるリテラシーは、自身の夢を語ることです。

といっても、給料を上げたいとか、主任になりたいといったみみっちい夢ではなく、「ニューヨークに支社を構えて、世界中の人に自社の名前を広めたい」「サミットで使われる商品を作りたい」「自社製品をNASAと共同開発したい」といった、すぐに叶《かな》いそうにない大きな夢です。

部下のやる気を見て喜びを感じる耕作じじいですから、若い世代が目をキラキラさせつつ、とてつもないビッグな夢を語ってくれると嬉しくって仕方ないんです。特に昨今の若い世代は、長引く不況で厳しい現実ばかりを直視させられたせいか、夢を抱くことすらできず、冷めた人が多いので喜びもひとしおでしょう。

ビッグな夢でジャブをかましたら、**「僕、実はAさんのようになるのが夢なんです」のひと言で耕作じじいをノックアウトしましょう。**

上司にとって、これほどの賛辞《さんじ》は他にないでしょう。人、そして上司として認められたということですから、がぜん、モチベーションが上がっちゃいますよね。

かつて私も、秋田で会った県立大学の女子大生に「葉石さんのような女性になりたい」というメールをいただいたのですが、これほど嬉しいことはありませんでした。これまでの人生を肯定してもらった感じがしましたし、「今のままの自分でいいんだ」という将来への大きな自信ももらいました。

ちょっと歯が浮くようなセリフですが、これを言えたら耕作じじいの「胸キュンスポット」を制覇《せいは》したも同然。耕作じじいは、「魔法の言葉」とも言えるそのひと言を聞くなり、「オレに任せておけ!」と思うこと間違いなしです。

さて、こうして見てみると、耕作じじいリテラシーは、これまで出てきたモンスター級のじじいと異なり、非常にストレートなものです。

高度なテクニックが不要な分、必要となるのは人としての基本的な部分。

仕事の出来不出来はもちろんあるとしても、「コイツをなんとかしてやりたい」と思わせるのは、最終的に人間性なのかもしれませんね。

耕作じじいの「逆鱗《げきりん》スポット」

耕作じじいを味方につけたところで「ひと安心」と言いたいところですが、もうひとつ押さえておきたいのが、耕作じじいがプチッとキレる逆鱗スポットです。

社内での人望が厚い耕作じじいなだけに、万が一、怒られているところを目撃されると、「Aさんが声を荒《あら》らげるなんて、よっぽどのことをしたに違いない」と思われ、社内での信用度がガタ落ちになります。

では、耕作じじいがもっとも嫌うのは、どんなことでしょうか？

それは**「主体性がないこと」**です。主体性のない人を見ると、イライラしてくるのです。お願いした仕事を締切ギリギリまで寝かせ、直前になって「やっぱりできない」と丸投げするなんていうのは、まさにいい例でしょう。

できないならできないなりの努力の痕跡《こんせき》が見えれば、「ああ、コイツなりにがんばったんだな」と仏顔《ほとけがお》になりますが、はなからあきらめモード&人任せで手付かず状態だったりすると、猛烈な怒りを買います。

かつて私が仕事をしたことがある某広告代理店の大場氏（仮名）は、主体性のない社員の鑑《かがみ》のよう。10年ほど続くイベントの台本の中身をまったく変えようとせず、「とにかく無事に終わればいい」と考えているだけでした。

前例をなぞることしかせず、「今まで以上に良いイベントにしよう」なんて考えはゼロ。イベント直前に会議をしても、大場氏が意見を言うことはありませんでした。

イベントでの大場氏の主な仕事といえば、スタッフのお弁当の注文程度。スタッフからは「弁当屋」と揶揄《やゆ》されていました。

私が見ても「やる気あるのかな?」とイライラするくらいですから、彼の上司にすればなおさらでしょう。

風の噂ではリストラされたそうです。上司の逆鱗に触れたに違いありません。やる気がない、なんでも人のせいにする、どこか他人事……これらの言葉は耕作じじいの辞書にはないということをよく覚えておきましょう。

そしてもうひとつ、今も昔も変わらずじじいをムッとさせるのは、**「自分の前提条件を相手に押しつける」**ことです。

そのいちばんいい例が、今どき言葉の多用でしょう。

「サク飯《めし》」「MTG(ミーティングのこと)」「ブリーフィング」……同世代同士ではごくあたりまえに使っているこれらの言葉も、年代が違うと意味さえわからない人もいます。

最近だと、「僕って朝弱い人間じゃないですか」なんて言い回しも、額《ひたい》に怒りマークが浮かんできちゃいますね。
「なんだ、その〝人間〟っていうのは！　シンプルに『僕、朝が弱いんです』でいいじゃないか！」と怒鳴りたくなります。「～ですか」と強要した言い方も上から目線ぽく、聞いていて気分がいいものではありません。

こうした言い回しに上司が腹を立てるのは、けっして言葉の意味がわからないからではなく、**なんの疑いもなく「自分の前提条件＝相手の前提条件」と思い込んでいる、その配慮のなさに対してなのです。**

「自分」が主となってしまっていて、「相手」のことがまったく見えていない。そしてまた、それが「おごり」であることにも気づいていない。だから平気で自分の前提条件を相手に押しつけるワケです。

これではうまくいくはずがありません。

発言をする前、行動をする前には、まず一拍置いて、自分よりも相手がどう思うかを考慮する。つまりは「相手の立場になる」ということです。

それは思いやりであり、優しさでもあります。

人間関係の基本とも言えるこれらの事柄は、仕事においても求められるべき重要事項なのです。

上司もたまには褒められたい！

「相手の立場になる」といえば、あなたは上司の立場になって物事を考えたことがあるでしょうか？

もしかして、耕作じじいのように仕事ができて、ルックスも良くて、おまけに女子からも大人気とくれば、悩みもゼロだし、彼の立場になって考える必要なんてないと思っていませんか？

前述の前川孝雄さんは、『はじめての上司道』（アニモ出版）や『上司力100本ノック』（幻冬舎）という本を上梓《じょうし》し、「Ｆｅｅｌリーダーズゼミ」「キャリアナビゲーターズゼミ」といった経営者や上司たちが集まるゼミも主宰《しゅさい》するほどの、まさに「上司の立場や気持ちを知り尽くしたエキスパート」なのですが、はたから見れば非の打ちどころのないような上司であっても、実のところ、ストレスや悩みをかなり抱えているという話をしてくれました。

常に上司（役員や局長レベル）と部下の板挟み状態なのに加え、昔のオーソドックスなマネジメントの方法もほとんど通じないため、部下をどう指導したらいいのか内心では迷っているというのです。

さらには、この10年ほどの流れで、各企業でコーチングやパワハラセミナーが頻繁に行われるようになり、そこで上司は「とにかく部下の話をじっくり聞け」「女性への言動には気をつけろ」「アルハラ（アルコールハラスメント）にも注意」などと年がら年中言われ、自然体でいられなくなっているのも事実。

本音を言えば、部下の話を聞くより自分の話を聞いてほしいし、自分の都合だけで飲みにも誘いたい。しかし、そうしたセミナーで得た知識によって、自主規制が知らぬ間に働き、それもままならない……。

ああ、上司の心、部下知らず。上司の悩みは部下以上に根深いものがあるのです。

そこでぜひ実践していただきたいのが、**自ら率先して耕作じじいを食事に誘うこと。**

食事といっても飲みではなく、ランチ程度で十分です。部下からの「もしよかったらランチをご一緒していただけませんか?」のひと言を聞くなり、耕作じじいの視界はパァア～ッとクリアになります。

食事中は完全に聞き役に回り、身を乗り出して耕作じじいの話を目をキラキラと輝かせながら聞いてください。普段抑圧されている「教えたい」「話したい」という欲望は言霊《ことだま》となり、怒濤《どとう》のごとく流れ出ることでしょう。

テーマとなる話題は、「耕作じじいが新人だった頃の会社について」なんていいかもしれません。嬉々《きき》として話すこと請《う》け合いです。

このとき、同僚も巻き込んでしまいましょう。これは本書初の「複数で行うじじいリテラシー」です。

部下から上司を誘うとなると、同僚の目も気になりますよね。しかし巻き込んでしまえば、要らぬ嫉妬を買わずにすみますし、一体感も湧《わ》きます。

みんなで古き良き時代の会社の話や耕作じじいの武勇伝を共有しながら、「すごいですねー」「さすがAさん!」といった具合に、思いきり担《かつ》ぎ上げちゃってください。

上司は部下を褒めることはあっても、褒められることはほとんどないので、これほど嬉しいことはありません。話すこと、褒められることによって普段の努力が報われ、蓄積していたストレスも解消。

同僚と一丸《いちがん》となって、耕作じじいをその気にさせるのです。

手紙で上司に感謝の気持ちを伝える

話を聞くに加え、マストで実践してほしいのが、**感謝の気持ちを伝えることです。**

というのは、上司たるもの、認証されるシーンはまずなく、実はそれが大きなストレスの原因になっていたりするのです。

感謝の内容はどんな小さなことでもかまいません。耕作じじいに教えてもらったことで自分が向上したこと、自分のミスをかばってくれたこと……普段、オフィシャルな場所では言えないような歯の浮くようなセリフも、ノンオフィシャルな場所ならすんなり言えるはず。

私だったら「Aさんに出会えたことに感謝してます」とか、「Aさんと働けることは私の誇りです」といったその人の存在そのものに、このときとばかりに感謝しちゃいますね。

このように直接思いを伝えるのが苦手な方には、**「文字で伝える」という手もあります。**

デザイナーの友人は毎年、手製のクリスマスカードに同僚に対する感謝の言葉を添《そ》えて送っています。社長を含めて3人だけの小さな会社ということもあり、面《めん》と向かって感謝の気持ちを言うのは照れ臭く、考えた末に文字で伝えることにしたのだそうです。

社長も密かに楽しみにしているようで、歴代のクリスマスカードを大事に保管しているのだとか。

何はともあれ、どんな形であっても、感謝の気持ちを飾ることなく、自分の言葉で素直に伝えればいいのです。部下に感謝されることで、普段の苦労は瞬時に報われるのですから。

上に行くほど、課せられる重圧は大きくなります。だからこそ、**自分を労《ねぎら》ってくれる部下は貴重なのです。**上司の話を聞くことも、感謝することも、すべては「労い」。上司の立場になって考え、「こうされたら嬉しいだろうな」と思うことをどんどんしてあげてください。

上司は部下に労われることで癒《いや》され、「コイツらのためにがんばろう」と奮起するワケです。そうなれば当然、下で働く部下は働きやすくなる。

上司孝行は上司だけのためにあらず、自分のためでもあるのです。

出世する人は「社内ロビー活動」の達人

さて、たっぷりと上司孝行したところで、最後に耕作じじいの巧《たく》みな出世テクニックにも着目したいと思います。

耕作じじいのように人望があって、見た目もカッコよくて、それでいて仕事ができるとなれば、「そりゃ、出世して当然」と誰もが思うでしょう。しかし、同じ条件を備えていても、さして出世していない人もいます。

その差はいったいどこにあるのでしょうか？

実はこれ、**「社内ロビー活動」を行っているかいないかの差であることが多いのです。**

耕作じじいをはじめ、自分であげた企画を次から次へと形にし、結果を出して出世している人は、間違いなく「社内ロビー活動」を行っていると言っても過言ではありません。

そう、「社内ロビー活動」は出世の明暗を分ける要《かなめ》。まさにサラリーマンの「命綱」なのです。

私は商売柄、さまざまな編集者と仕事をしていますが、そのなかでもピカイチの社内ロビー活動マスターがいらっしゃったので、少しお話をうかがってきました。

雑誌『ランニングスタイル』の編集長で、局長も務めるエイ出版社の小林豊孝《ゆたか》さんは、まさに「社内ロビー活動」の名人。無類《むるい》の酒好きが高《こう》じて企画し、出版した『日本酒の基本』『日本酒の選び方』をはじめとする彼が手がけた酒関連の本はシリーズ化され、海外でも翻訳出版されるほどです。

自分が望むことを次から次に形にする企画力と行動力は、社内外でも評判で一目置かれています。

私が知っている編集者のなかでも、企画立案&実行の速さは小林さんが随一《ずいいち》。常に忙しい小林さんですが、少しでも時間があるときはさまざまな部署に顔を出し、できるだけ多くの社員とコミュニケーションを取るようにしているといいます。

社長や専務といった、会社のトップたちともマメに会話していて、雑談しながら新しい企画のネゴをすることもしばしば。これまでの数々の功績に加え、日頃の「社内ロビー活動」の成果もあってか、小林さんの企画は高確率で形になっています。これはもう「社内ロビー活動」の賜物《たまもの》といった感じですよね。

小林さんは「社内ロビー活動」のコツについてこう話します。

「ふだんから上層部の人間とコミュニケーションをとっていると、雑談のなかに部下が提案した新しい企画の話を自然に滑《すべ》り込ませることができます。大切なのは一過性で終わらせないこと。**社内ロビー活動は継続しなければ意味がありません**」

小林さんが言うよう、「社内ロビー活動」のいちばんの秘訣は継続。地道に続けることで、初めて揺らがない信頼を得ることができます。信頼は何よりの武器。信頼を得られれば、いきなり社長に直談判《じかだんぱん》し、企画を通すことだって夢ではないのです。

「太鼓持《たいこも》ち」と陰口《かげぐち》を叩かれようが、「ごますり」と言われようが、仕事は取ったもん勝ち。耕作じじいのようにやりたい仕事をするには、「社内ロビー活動」は必要不可欠なのです。

しかしそうは言っても、「社内ロビー活動」をするには勇気がいりますよね。同じ会社とはいえ、まったく違う部署の人間がふら〜っと入ってきて、いきなり話しかけてきたら、ほとんどの人は怪訝《けげん》な顔をするからです。

そこで利用したいのが「同期」。たとえば、**同期が知り合いのいない部署に異動したら、まっさきに「通う」ようにしましょう。**

よく知る同期を最初の突破口にして、ちょくちょく通い、周囲の人間に「あいつ、よく来るけど誰だ？」と思わせるのが第一段階。存在をアピールしたところで、徐々に同期以外の人にも話しかけ（最初は同期の両隣と正面の人をターゲットに）、顔と名前を覚えてもらうようにしていくのです。

社員食堂がある方はぜひそちらも社内ロビー活動の場に活用しましょう。社員食堂は一堂に各部署の人が集結する漁場《ぎょじょう》。積極的に相席《あいせき》し、顔を売って、人脈を広げていってください。

「その魚定食、おいしそうですね。僕もそっちにすればよかったなあ……」

最初のひと言はこんな感じでかまいません。その後、あいさつとともに名前や部署を伝えるだけでも十分です。慣れてきたら世間話、つぎは仕事の話といった感じで、段階を踏んで徐々に会話を増やしていくのです。

「わざわざ他の部署の人間や上層部に顔を売らなくても……」「同じ部署の権力者にだけ取り入っておけば安泰《あんたい》」と考える方も多いかもしれませんが、これが違うのです。

たとえば、各部署から数人選出し、リーダーを決めるとしましょう。人望、仕事のレベルともに皆同じであれば、当然、顔見知りの人が有利になります。

周囲がどれだけ押しても、**決定権のある人間が顔を知らなければそこまで。**選択肢から外されてしまいます。

実のところ、「社内ロビー活動」と出世は意外なほど密接な関係にあるのです。

とにかく、「社内ロビー活動」のポイントは「根気」です。

「社内ロビー活動」をしても成果が出るかどうかはわからないし、出たとしてもかなり先だということを認識しておきましょう。

下手をしたら、10年後、20年後になるかもしれません。

中・長期の視点を持って、ゲーム感覚で「各部署にひとりずつ知り合いを作る」くらいの軽い気持ちで楽しみながら行うことが、長続きするコツなのです。

耕作マジック
ちょっとハードル高いけど、
乗り越えたら大きく成長できる
ムリムリ
ムリ
ムリ
どうする？
できるか？
キラーン
山本
やります

「じじいリテラシー」、いかがでしたでしょうか？

若い世代の多くは、「昭和的な考えじゃないか」と思うかもしれません。たしかに否定できない部分もあります。しかし、社内で〝上司〟と呼ばれる人のほとんどは、昭和生まれの昭和育ち。年号が平成に変わっても、彼らのベースはあくまでも〝昭和〟。上司を立てる、年功序列、飲みニケーション……20代のサラリーマンからすれば完全に死語と言える事柄を、彼らは今もなお重んじ、忠実に実践しているのです。

これに対し、若い世代はまったく逆で、キーワードとなるのは〝個人主義〟。仕事とプライベートは完全に切り離して考え、スポットを当てるのはいつも〝自分〟です。メリットがないと飲みに行かないし、ましてや上司となるとなおさら。合理主義といえばそれまでですが、会社という組織において、そうした考え方は疎《うと》まれるだけです。

しかし、こう言えば言うほど頑《かたく》なになってしまうのが、若さゆえの愚《おろ》かさ。20代の私がまさにそうでした。

当時の私は、組織のなかに身を置きながら、「私はこんな小さな会社にいる人間じゃない」と思い込み、上司を完全にバカにしきっていました。そんな生意気な私に奇跡が起こることはなく、いい仕事をつかんでいったのは上司にかわいがられる人だったのです。

これは世の常《つね》と言ってもいいでしょう。自分に置き換えるとよくわかるのですが、なつかない後輩より、尻尾を振って自ら寄ってくる後輩のほうがかわいいと思うし、便《べん》を図ってやろうと思うのは当然のこと。

結局、仕事は人と人とのつながりなのです。チャンスを与えてくれる人、支援してくれる人、そしてともに動いてくれる人がいて、初めて成り立ちます。こうした恩恵は、上司の寵愛《ちょうあい》なくして受けることはできません。

そこで必要となるのが「じじいリテラシー」なのです。

このことに早い時期に気づき、上司はじめ、自分に関わるすべての人に感謝の気持ちを持てるようになると、日々の仕事が楽しくなるのはもちろん、周囲の対応、そして未来も大きく変わっていきます。

そう、「じじいリテラシー」は小手先のテクニックではなく、近い将来、会社員として大成するための〝強力な武器〟なのです。

といっても、爆弾のような破壊力があるのではなく、「じじいリテラシー」は時間をかけてジワジワと体に染み込んでいくタイプの武器。即効性はなく、続けていくことで効果が表れます。

20代は、「じじいリテラシー」を駆使しながら信頼の置ける社員としてのベースを構築する、いわば準備期間。経験、実績、信頼を積み重ねた30代で、ようやく自分がやりたいことを主張する――。

一見、遠回りのようですが、実はこれこそが成功への近道。地道なプロセスを経るなかで、社員としての〝根〟を張り、上司に認めてもらうことが大事なのです。

しっかりと根を張った木は、強風でも倒れることなく、根から多くのものを吸収し、さらに枝葉を伸ばし、大きな実をつけます。

これは人にも言えることです。パッと出たての起業家が、メディアを騒がせた途端、急速に表舞台から消えてしまうのは、〝根〟の弱さにあるような気がします。この〝根〟を伸ばし、強くするには、ひたすら努力するしかないのです。

今の時代、努力という言葉は、「ダサい」とか「泥臭い」と言われがちですが、上司、もとい、じじいにとっては大好物。

くり返し言うように、会社で好きな仕事をしたいなら、じじいにかわいがられてなんぼです。「じじいリテラシー」をもって、「努力」という名の大好物をじじいたちに惜《お》しみなく振りまいていきましょう！

すべては、その先にある輝かしい未来のために——。

・外見を褒める　・情に流されず、乗り換える
・まずは受け入れて、自分の主張は後でする

自らランチに誘う

・お土産は風呂敷で渡す　・飲み会では黒子になる　・一日おいて、書面で再確認

話を要約して、ジャッジしてもらう

・夕方に仕事を振らない　・主体性を見せる
・自分の前提条件を相手に押しつけない

できます！と言い切る

・最初に「○○さんだけに」を付けよう　・年に１度は手紙を送る
・操り人形になりきり、身を守る

・うんちくを「会話のきっかけ」に使う
・肉親・ペットを褒める　・自分の現状を伝え、判断を委ねる　・若さと熱さでぶつかる

感、デカい「夢」を語る・自分の情報はできるだけ明かさない　・自分の都合で行動しない・大事な用件はメールと口頭のダブルで伝える　・「安全牌」と思われる

2割

に喜んであげる

は2回言う

提案する・執事・女房になりきる・マメに経過を報告する

面には出さない　　・ときに知らないフリを

・話をまずは受け止め、すぐに本題に戻す

場で自分をアピール　・自分の手柄にしない

をする　・〈服従飲み〉で信頼関係を深める

「逆に」は禁句

謝の念　・質問に「私」という主語をつける

・ダメなところを研究して反面教師にする

8割共

質問は

•いつも感動してあげる　オススメ

•ひたすらバカを演じる

ありがとう

機嫌が良いときに

•「損してトク取れ」精神を持つ　•女を前

•聞き役に徹する　•感性より数字で訴える

•奥さんや子供に土産物　•オフィス以外の

•グッと堪えて「作り笑顔」　•「好きなフリ」

「でも」「だって」

•人の口を介して褒める　•携帯メールで感

•「ステイタス」「マニュアル」に喜んであげる

・社外より、まず社内での信頼を得る　・「前の権力者」とは縁を切らない　・マメに経過を報告する

言われる前にやる

教えて下さい！と言う

・「敬語ちょい崩し」で親近感ＵＰ　・相談するときは〈おねだり飲み〉で　・「個性のさじ加減」を見習おう　・「ストーリーがある」手土産

代案を用意しておく

・社内の「顔見知り」を増やす　・「小分けにして」情報を引き出す　・噂の情報源にならない

じじいリテラシー

二〇一二年 二 月二三日 第一刷発行

著　者　葉石《はいし》かおり
©Kaori Haishi 2012

発行者　杉原幹之助《すぎはらみきのすけ》・太田克史《おおたかつし》

編集担当　柿内芳文《かきうちよしふみ》

編集副担当　岡村邦寛《おかむらくにひろ》

発行所　株式会社星海社
〒一一二-〇〇一三
東京都文京区音羽一-一七-一四 音羽YKビル四階
電　話　〇三-六九〇二-一七三〇
FAX　〇三-六九〇二-一七三一
http://www.seikaisha.co.jp/

発売元　株式会社講談社
〒一一二-八〇〇一
東京都文京区音羽二-一二-二一
(販売部)〇三-五三九五-五八一七
(業務部)〇三-五三九五-三六一五

印刷所　凸版印刷株式会社

製本所　株式会社国宝社

ブックデザイン　吉岡秀典《よしおかひでのり》(セプテンバーカウボーイ)

フォントディレクター　紺野慎一《こんのしんいち》

イラスト・漫画　ふじいまさこ

アドバイザー　わぐりたかし

校　閲　鷗来堂《おうらいどう》

ISBN978-4-06-138513-9
Printed in Japan

12

SEIKAISHA SHINSHO

次世代による次世代のための

武器としての教養
星海社新書

星海社新書は、困難な時代にあっても前向きに自分の人生を切り開いていこうとする次世代の人間に向けて、ここに創刊いたします。本の力を思いきり信じて、みなさんと一緒に新しい時代の新しい価値観を創っていきたい。若い力で、世界を変えていきたいのです。

本には、その力があります。読者であるあなたが、そこから何かを読み取り、それを自らの血肉にすることができれば、一冊の本の存在によって、あなたの人生は一瞬にして変わってしまうでしょう。思考が変われば行動が変わり、行動が変われば生き方が変わります。著者をはじめ、本作りに関わる多くの人の想いがそのまま形となった、文化的遺伝子としての本には、大げさではなく、それだけの力が宿っていると思うのです。

沈下していく地盤の上で、他のみんなと一緒に身動きが取れないまま、大きな穴へと落ちていくのか？　それとも、重力に逆らって立ち上がり、前を向いて最前線で戦っていくことを選ぶのか？

星海社新書の目的は、戦うことを選んだ次世代の仲間たちに「武器としての教養」をくばることです。知的好奇心を満たすだけでなく、自らの力で未来を切り開いていくための〝武器〟としても使える知のかたちを、シリーズとしてまとめていきたいと思います。

2011年9月

星海社新書編集長　柿内芳文

SEIKAISHA SHINSHO